北京教育科学研究院学术著作出版资助基金项目

首都职业教育数字化转型研究

吕良燕◎著

图书在版编目（CIP）数据

首都职业教育数字化转型研究 / 吕良燕著. --北京：知识产权出版社, 2025.9. --ISBN 978-7-5130-9840-3

Ⅰ．G719.2

中国国家版本馆 CIP 数据核字第 2025SF1063 号

责任编辑：王颖超　　　　　　　　　　责任校对：王　岩
封面设计：杨杨工作室·张冀　　　　　责任印制：刘译文

首都职业教育数字化转型研究

吕良燕　著

出版发行：知识产权出版社有限责任公司	网　　址：http://www.ipph.cn
社　　址：北京市海淀区气象路 50 号院	邮　　编：100081
责编电话：010-82000860 转 8655	责编邮箱：wangyingchao@cnipr.com
发行电话：010-82000860 转 8101/8102	发行传真：010-82000893/82005070/82000270
印　　刷：三河市国英印务有限公司	经　　销：新华书店、各大网上书店及相关专业书店
开　　本：720mm×1000mm　1/16	印　　张：14.75
版　　次：2025 年 9 月第 1 版	印　　次：2025 年 9 月第 1 次印刷
字　　数：225 千字	定　　价：88.00 元
ISBN 978-7-5130-9840-3	

出版权专有　侵权必究

如有印装质量问题，本社负责调换。

前 言

在迈向教育强国的伟大征程中,首都职业教育承担着特殊而重要的责任。首都职业教育的发展水平和质量,在服务国家人才培养体系、完善和满足经济社会发展需求方面具有重要作用。随着全球信息技术的迅猛发展和数字经济时代的到来,职业教育面临着前所未有的发展机遇和挑战。职业教育作为一种全新的教育模式和发展路径,数字化转型正逐步成为职业教育创新发展的关键动力。首都职业教育的数字化转型不仅关系到首都乃至全国职业教育体系的优化升级,更是推进教育现代化、实现教育公平和提升教育质量的重要途径。

首都北京作为全国政治中心、文化中心、国际交往中心、科技创新中心,其职业教育的发展直接影响到国家的战略布局和人才培养质量。当前,随着经济社会的快速发展和产业结构的深度调整,各行各业对高素质技术技能人才的需求日益增长。首都职业教育通过数字化转型,能够更加有效地对接产业发展需求,培养适应未来社会需要的多样化人才。数字化技术的引入,使得教学方式更加多元和灵活,教育资源更加丰富和开放,教学管理更加精准和高效,极大地提高了教育教学的质量和效果。数字化转型对首都职业教育而言,不仅是技术层面的革新,更是教育观念、教育模式和教育管理的全面更新。它要求首都职业教育系统不断探索和实践新的教学理念和方法,加强教育信息化基础设施建设,优化数字化教育资源开发和利用,推进智慧校园建设,以及加强教师的信息技术培训和专业发展。通过这些措施,不仅能够为学生提供更加个性化、灵活多样的学习路径,还能够提升学生的学习兴趣和主动性,培养学生的创新思维和实践能力。

总之，首都职业教育的数字化转型具有重大的理论价值和实践意义。它不仅是实现教育现代化的有效途径，更是促进首都乃至全国经济社会高质量发展的关键支撑。《首都职业教育数字化转型研究》一书旨在深入剖析首都职业教育在数字化转型过程中的实践经验和面临的挑战，深入探讨在新时代背景下首都职业教育数字化转型的路径和策略，为推动我国职业教育整体水平的提升和教育强国战略的实施提供参考和借鉴。

第一章系统地审视了首都教育数字化转型的现状，包括基础条件、优势和面临的挑战。通过对教育数字化转型概念的深入分析，结合首都地区的实际情况，揭示了数字化转型对于提升教育质量、实现教育公平和促进教育创新的重要性。此外，还对首都教育数字化转型中存在的问题进行了分析，为后续章节的策略制定提供了实证支持。

第二章以多维视角系统呈现首都职业教育数字化转型全貌，涵盖发展历程、成就与挑战，并梳理首都职业教育数字化建设的总体情况、特点及问题。通过对学生、教师、教学管理者的调研与分析，深入揭示数字化转型的实施现状、主要趋势及突出需求，为后续政策建议和路径设计提供坚实的数据支撑与实践依据。

第三章采用理论探究的研究方法，深入探讨了教育数字化转型的理论基础。通过对相关理论模型的分析，如技术接受模型（TAM）、结构洞理论、混合学习理论和创新扩散理论，为职业教育数字化转型研究提供了理论支撑。

第四章将研究视角扩展至国际范围，通过分析德国、新加坡、芬兰和澳大利亚等国家的职业教育数字化转型案例，探讨了国际先进经验对我国首都职业教育的启示，不仅展示了不同国家在职业教育数字化转型中的创新做法和成功经验，还深入分析了这些做法背后的教育理念、政策支持和实施策略。同时，结合国内的职业教育数字化转型案例，分析了不同教育环境下的转型策略和实践成果。通过国内外比较和跨文化分析，为首都职业教育的数字化转型提供了宝贵的参考和启示。

第五章基于前文的理论分析和案例研究，探索了首都职业教育数字化转型的具体路径。通过对关键技术应用、数据驱动精准教学、数智赋能产教融合以及未来趋势与挑战的深入探讨，提出了一系列推动首都职业教育数字化转型的策略和措施。这些策略和措施旨在为首都职业教育的数字化转型提供实践指导和政策建议，以期实现教育质量的提升和教育公平的促进。

第六章在前文研究的基础上，提出了一系列推动首都职业教育数字化转型的政策建议。这些建议涉及顶层设计和政策引导、基础设施建设、标准体系建设、资金保障机制等多个方面，旨在为首都职业教育的数字化转型提供全面的政策支持和实施框架。本章还强调了数字化教学资源建设、数字化与教师专业发展、数字化教学模式与学习方式创新等方面的重要性，并提出了相应的策略和措施，以期为首都职业教育的未来发展提供坚实的基础和明确的指导。

总之，首都职业教育的数字化转型不仅是教育现代化的重要一步，也是推动经济高质量发展的关键支撑。本书通过对首都职业教育数字化转型的深入剖析，展示了转型过程中的挑战、机遇和实践路径，同时提出了实施的具体策略和政策建议。希望本书能够为政策制定者、教育工作者以及学术界提供有价值的参考，助力首都职业教育在新时代背景下进一步推动教育强国战略的落实。

目 录

第一章 首都教育数字化转型：基础、进展与未来挑战 …………… 1

 第一节 教育数字化转型概念与形势分析 ………………………… 3
  一、核心概念界定 ………………………………………………… 3
  二、首都教育数字化转型的基本框架 …………………………… 4
  三、教育数字化转型的形势分析 ………………………………… 6
 第二节 首都教育数字化转型的条件优势与问题挑战 …………… 14
  一、首都教育数字化转型的基础条件 …………………………… 14
  二、首都教育数字化转型的突出优势 …………………………… 16
  三、首都教育数字化转型面临的问题与挑战 …………………… 18

第二章 首都职业教育数字化转型全景扫描 ……………………… 21

 第一节 首都职业教育发展回顾与现实挑战 ……………………… 23
  一、首都职业教育发展概况 ……………………………………… 23
  二、首都职业教育发展的历程回顾 ……………………………… 27
  三、首都职业教育发展的阶段性成就 …………………………… 29
  四、首都职业教育发展面临的挑战 ……………………………… 32
 第二节 首都职业教育数字化建设概览 …………………………… 34
  一、首都职业教育数字化建设的总体情况 ……………………… 34
  二、首都职业教育数字化建设的主要特征 ……………………… 39
  三、首都职业教育数字化建设面临的主要挑战 ………………… 41

第三节 首都职业教育数字化转型现状调查——学生视角 …… 42
　一、调查情况概述 …… 42
　二、主要调查结果分析 …… 44
　三、结论与对策建议 …… 50

第四节 首都职业教育数字化转型现状调查——教师视角 …… 52
　一、调查情况概述 …… 52
　二、主要调查结果分析 …… 53
　三、结论与政策建议 …… 58

第五节 首都职业教育数字化转型现状调查——教学管理者视角 …… 60
　一、调查情况概述 …… 60
　二、主要调查结果分析 …… 61
　三、结论与对策建议 …… 69

第三章　构建教育数字化转型的理论支撑 …… 73

第一节 教育数字化转型的内涵与特征 …… 75
　一、教育数字化转型内涵 …… 75
　二、教育数字化转型的特征 …… 78

第二节 相关理论模型分析 …… 79
　一、技术接受模型（TAM）及其在教育数字化转型中的应用 …… 80
　二、结构洞理论及其在教育数字化转型中的应用 …… 83
　三、混合学习理论及其在教育数字化转型中的应用 …… 86
　四、创新扩散理论及其在教育数字化转型中的应用 …… 90

第四章　国内外职业教育数字化转型案例与启示 …… 99

第一节 国际职业教育数字化转型先进经验及启示 …… 101
　一、德国职业教育与工业 4.0 的融合 …… 101
　二、新加坡的技能未来计划 …… 103
　三、芬兰职业教育数字化创新 …… 106

四、澳大利亚的在线职业教育平台 ················· 108
　　五、国际经验对我国的启示 ····················· 113
第二节　国内职业院校数字化转型典型案例与实践 ············ 115
　　一、北京信息职业技术学院数字化转型实践与分析 ········· 115
　　二、浙江建设职业技术学院数字化转型实践与分析 ········· 119
　　三、河北软件职业学院数字化转型实践与分析 ··········· 123

第五章　首都职业教育数字化转型路径探索 ··············· 129

第一节　关键技术应用 ························· 131
　　一、人工智能的应用 ······················· 131
　　二、大数据的运用 ························ 132
　　三、云计算的应用 ························ 135
　　四、5G 技术的应用 ······················· 137
　　五、区块链技术的应用 ····················· 139
　　六、物联网技术的应用 ····················· 140
第二节　数据驱动精准教学组织实施 ·················· 141
　　一、教与学变革趋势分析 ···················· 142
　　二、未来教学场景中的典型模式 ················· 144
　　三、精准教学的实施路径 ···················· 146
　　四、数字时代教师必备的七个关键能力 ·············· 148
第三节　数智赋能产教融合 ······················ 151
　　一、产教融合理论溯源 ····················· 152
　　二、产教融合政策的变迁 ···················· 152
　　三、产教融合典型模式 ····················· 156
　　四、数智赋能首都职业教育产教融合的策略 ············ 161
第四节　未来趋势与挑战 ······················· 164
　　一、技术进步与应用趋势 ···················· 164
　　二、教学模式的进一步演变 ··················· 168

三、应对未来挑战的策略 ·················· 171

第六章 推动首都职业教育数字化转型的政策建议 ·········· 175

第一节 数字化转型的战略布局与政策支持 ············ 177
一、加强顶层设计和政策引导 ················ 177
二、提升基础设施建设水平 ················· 181
三、建立标准体系 ······················ 183
四、完善资金保障机制 ··················· 184

第二节 数字化教学资源建设 ·················· 185
一、在线课程：打破时间和空间的限制 ············ 185
二、虚拟仿真实训：提供沉浸式学习体验 ··········· 186
三、数字教材：创新教与学的途径 ·············· 189

第三节 数字化与教师专业发展 ·················· 192
一、教师数字能力提升 ··················· 193
二、构建教师专业发展体系 ················· 196
三、促进校企合作 ······················ 199

第四节 数字化教学模式与学习方式创新 ············· 200
一、推广混合式教学 ···················· 200
二、推进个性化学习模式 ·················· 203
三、创新教学方法 ······················ 205
四、建立评价与反馈机制 ·················· 206

附 录 ································ 209

附录Ⅰ 首都职业教育数字化转型现状调查（学生问卷） ······· 211
附录Ⅱ 首都职业教育数字化转型现状调查（教师问卷） ······· 213
附录Ⅲ 首都职业教育数字化转型现状调查（教学管理者问卷） ··· 217

主要参考文献 ·························· 222

后 记 ····························· 224

第一章
首都教育数字化转型：基础、进展与未来挑战

第一章　首都教育数字化转型：基础、进展与未来挑战

在教育强国建设和新一轮科技革命背景下，教育数字化转型已成为全球教育变革的重要趋势。国际组织及主要国家普遍将数字化视为提升教育质量、促进公平和增强竞争力的战略路径，政策与实践不断深化，推动教育从"信息化"向"数字化—智能化"加速跃升。我国先后出台《教育信息化2.0行动计划》《中国教育现代化2035》《教育强国建设规划纲要（2024—2035年）》等文件，从顶层设计、基础设施、平台建设到应用创新，为教育数字化提供了系统部署和战略支撑。

作为首都，北京市在政策资源、技术平台和治理机制等方面具备先发优势，近年来通过智慧教育平台建设、教育数据治理、人工智能融合应用等举措，逐步形成了具有示范效应的数字化实践路径。在取得积极成效的同时，北京也面临技术与教育本质的平衡、区域发展差异及系统化生态尚未完全建成等问题。本章将从概念演进、全球动态、中国战略与首都实践四个层面，系统分析教育数字化转型的发展逻辑、实践经验与现实挑战。

第一节　教育数字化转型概念与形势分析

一、核心概念界定

教育数字化转型作为教育强国建设的重要战略路径，其内涵不仅体现为技术应用的外延拓展，更体现为教育理念与系统运行方式的深层变革。基于《教育信息化2.0行动计划》和《中国教育现代化2035》等政策文件，"信息化—数字化—智能化"的演进路径，构成了当前教育数字化转型的重要基础和发展逻辑。

（一）信息化

信息化是教育现代化的基本内涵和显著特征，以计算机网络技术为基础，通过信息技术与教育教学的深度融合，推进教育理念更新、模式变革和体系重构，旨在加快实现教育现代化的有效途径。教育信息化的核心在于构建

"覆盖全国、互联互通、用户统一、共治共享、协同服务"的数字教育资源公共服务体系[1]，是数字化转型的先导阶段。

（二）数字化

数字化是在信息化基础上的系统性跃升，融合云计算、大数据、物联网等关键技术，通过运用现代信息技术手段，对教育过程、教育资源、教育管理等方面进行全面改革和创新。在教育领域，数字化不仅强调数据的采集与利用，更强调以数据为中介进行教学设计、资源分配和个性化服务的精准化转型，实现从"提升效率"向"提升价值"的根本转变。[2]

（三）智能化

智能化是教育数字化的高阶发展阶段，指通过人工智能、机器学习与自动化系统的深度嵌入，构建网络化、数字化、智能化、个性化、终身化的教育体系。其核心是以人工智能引领构建以人为本的创新教育生态，通过智能感知、分析、判断与自适应优化，实现教育过程的智能决策与个性适配，促进思维发展，培养创新精神，提高解决实际问题的能力。

三者呈现出从"基础支撑"到"系统重构"再到"智能引领"的逻辑递进关系。在教育发展路径中，信息化奠定现代化基础，数字化推动结构转型，智能化实现质量跃升，三者共同构成当前职业教育数字化转型的技术演进主线与系统性基础。

二、首都教育数字化转型的基本框架

在新时代教育强国战略背景下，教育数字化转型不仅是技术驱动下的系统革新工程，更是提升教育治理能力与服务能力的重要路径。[3]根据《教育强

---

[1] 中华人民共和国教育部. 教育部关于数字教育资源公共服务体系建设与应用的指导意见[EB/OL]. （2018-02-09）[2025-03-06]. http：//www.moe.gov.cn/srcsite/A16/s3342/201802/t20180209_327174.html.

[2] 国家信息中心. 教育数字化转型的趋势与路径[EB/OL]. （2024-01-11）[2025-03-06]. http：//www.sic.gov.cn/sic/82/567/0111/20240111153504508297605_pc.html.

[3] 中共中央 国务院印发《教育强国建设规划纲要（2024—2035年）》[EB/OL]. （2025-01-19）[2025-03-06]. https：//www.gov.cn/zhengce/202501/content_6999913.htm.

国建设规划纲要（2024—2035年）》，从内涵逻辑、运行机制和核心要素三个层面构建首都教育数字化转型的基本框架。

（一）内涵逻辑：从信息迁移到系统再造

教育数字化转型的核心不在于设备更新或平台替换，而在于以数字技术为引擎，重塑教育逻辑与运行机制。李志民指出，数字化转型是利用数字技术推动教育领域的全面变革，通过信息技术与教育的深度融合，创新教育理念、教学方法和评价体系，实现教育资源的优化配置和教学质量的全面提升。其关键在于，通过数字手段实现资源优化配置、教学个性化服务与管理科学决策，从而提升教育系统整体效率，推动教育质量与公平的协同发展。❶

（二）运行机制：以平台为支点，以数据为核心

教育数字化转型的推进需依托一体化智慧教育平台，构建"平台+数据+应用"的运行机制。❷《教育强国建设规划纲要（2024—2035年）》明确提出，要建强用好国家智慧教育公共服务平台，建立横纵贯通、协同服务的数字教育体系。北京市已建立市、区、校三级试点体系，发挥国家、市、区、校四级课程资源的基础保障作用。平台承担资源汇聚与分发职能，数据是支撑教学决策的核心，应用则体现技术价值落地的深度与广度。三者融合，构成教育链条数字化重构的基本单元。

（三）核心要素：人本导向、融合创新、治理协同

教育数字化转型的实施需坚持以人为本，围绕师生成长与发展构建数字场景，在此基础上推动技术与教学的深度融合，形成可持续的创新生态。同时，还需健全数据安全机制、教育治理机制与行业协同机制，构建多维联动、良性互动的数字治理格局。

具体而言，人本导向是核心原则，坚持以学生学习为中心，以提升教育质量为目标，注重学习的主动性与互动性；融合创新是关键路径，通过推动信息

---

❶ 李志民. 教育数字化转型——转什么与怎么转［EB/OL］.（2024-03-21）［2025-03-06］. https://www.edu.cn/xxh/zhuan_jia_zhuan_lan/li_zhi_min/202403/t20240321_2568654.shtml.

❷ 教育部等九部门. 关于加快推进教育数字化的意见［EB/OL］.（2025-04-16）［2025-03-06］. http://www.moe.gov.cn/fbh/live/2025/56808/wj/.

技术与教育教学深度融合,发展线上线下结合的教学模式,促进翻转课堂、混合式教学、项目式学习等教学创新;治理协同则是制度保障,依托大数据和人工智能等技术手段,不断提升教育管理与决策的科学化水平,推动教育治理现代化。

三、教育数字化转型的形势分析

(一)全球视角下的教育数字化动态

在全球数字化加速的背景下,教育数字化被视为提升教育质量、促进教育公平和增强国家竞争力的重要战略。国际组织如联合国教科文组织(UNESCO)、经济合作与发展组织(OECD)和国际电信联盟(ITU)持续推动相关政策研究与标准制定。部分发达国家在教育技术研发和应用方面走在前列,为全球提供了参考路径。

1. 政策驱动与战略行动转化

全球教育数字化领域正加速从政策共识迈向系统化实施阶段。欧盟自2021年起实施《数字教育行动计划2021—2027》,重点聚焦提升数字素养和构建高质量数字教育生态。根据欧洲议会研究服务署2023年发布的进展评估,该计划设定的13项行动中已有4项完成,包括混合学习建议、人工智能伦理指南、数字素养框架更新等,其他行动正在稳步推进。同时,欧盟推出的SELFIE教师自评工具已吸引超过10万名教师使用,展现了政策落地的积极成效。

美国在教育数字化战略中突出人工智能与数据科学教育。2023年发布的《国家人工智能研究与发展战略计划》明确提出,应让中小学阶段学生及早接触人工智能和数据科学,推动形成跨学科人才培养体系。此外,《CHIPS与科学法案》通过设立联邦人工智能奖学金计划,进一步强化人才储备。

日本则依托"GIGA学校计划"在短时间内实现了"每人一机"的教育终端配备。研究显示,截至2021年,全国约1900万台平板电脑分发至小中学校,基本完成了教育基础设施的现代化。[1]第二阶段的工作已转向设备更

---

[1] 孙越,王国辉. 数字时代日本基础教育变革的实践路径探析:以茨城县筑波市立绿之学园为例[J]. 教育技术研究,2025,7(4):420-427.

新、教育数据利用与教师专业能力发展，显示出教育数字化的持续深化趋势。

2. 技术变革推动教学范式转型

随着新一代信息技术的应用，教育教学正在经历深刻变革。生成式人工智能、沉浸式技术与区块链是其中最具代表性的方向。生成式人工智能正在改变学习过程的组织方式。可汗学院（KhanAcademy）与 OpenAI 合作开发的"Khanmigo"系统，利用自然语言处理技术为学生提供分步指导与语义反馈，推动了个性化学习的实现。尽管已有实践探索，但研究普遍指出，AI 在教育中的实际成效仍需长期的实证研究来验证。

沉浸式技术在工程、医学等实践性学科中表现突出。新加坡南洋理工大学开发的"NTUniverse"数字孪生校园，利用 NVIDIAOmniverse 平台提供了虚拟空间中的课程体验，涵盖文化遗产教育、STEM 教育等领域。相关研究表明，该平台有助于提高学生参与度与跨学科协作能力。❶

与此同时，区块链在教育领域的应用逐渐展开。欧盟委员会推动的"欧洲区块链服务基础设施（EBSI）"已进入教育认证试点阶段，用于跨国学历验证和数字证书颁发。这一探索有望降低国际教育资源流动的制度壁垒，提高教育认证的透明度和效率。❷

3. 全球数字鸿沟与治理新议题

尽管教育数字化取得进展，但全球数字鸿沟问题依旧突出。联合国儿童基金会与国际电信联盟联合报告显示，全球范围内约三分之二的学龄儿童在家中无法上网。最富裕家庭中 58% 的学龄儿童能够接入互联网，而最贫困家庭中这一比例仅为 16%，差距显著。❸

数字鸿沟不仅体现在网络接入层面，还体现在教育质量、资源供给和师资水平等方面。发达国家能够通过高质量数字资源与完善的制度保障教育公

---

❶ LIM J, LOH C S, RENGANATHAN V, et al. Designing an Educational Metaverse：A Case Study of NTUniverse [J]. Applied Sciences，2024，14（6）：2559.

❷ European Commission. European Blockchain Services Infrastructure (EBSI) [EB/OL].［2024-08-20］. https：//ec.europa.eu/digital-building-blocks/sites/display/EBSI/Home.

❸ UNICEF & ITU. How many children and young people have internet access at home? [R]. New York：UNICEF，2020.

平，而发展中国家则面临基础设施不足、教育资源短缺等困境。与此同时，全球教育平台的集中化发展也带来了"教育数据主权"与"平台依赖"的治理挑战。

新兴技术应用中的伦理问题进一步加剧了治理的复杂性。UNESCO 于 2023 年发布《教育与研究中生成式人工智能指南》，明确提出应重视生成式 AI 在教育中可能带来的学术诚信、隐私保护和公平性问题，倡导建立"以人为中心"的治理框架。❶ 这表明，教育数字化已从单纯的技术议题转变为涉及公平、安全与伦理的系统性问题。

4. 协同治理与未来趋势

教育数字化的快速演进推动了跨国合作与协同治理机制的兴起。国际社会普遍认识到，数字教育带来的跨境依赖与风险无法仅靠单一国家应对，需要多边合作和多主体参与。

在全球层面，联合国提出的"全球数字契约"为跨国数字教育治理提供了框架性方案，旨在通过国际协商建立数据共享、隐私保护和教育公平的制度安排。UNESCO 和 OECD 等国际组织则持续推动数字教育伦理和政策规范的制定，为各国提供公共治理框架。

在区域层面，欧盟不仅推动成员国在数字教育政策上的协同，还尝试建立跨国教育数据与数字资源的共享机制。亚太地区通过 APEC 和东盟等合作平台加强经验交流，强调互联互通与能力建设。例如，新加坡与澳大利亚在跨境学历互认和数字技能培训方面已开展区域合作，成为区域性治理的典型案例。

（二）中国教育数字化的战略部署与实践

近年来，中国高度重视教育数字化的战略地位，围绕顶层设计、基础设施建设、应用创新、治理能力提升与国际合作等多个维度，系统推动教育数字化转型，初步构建了具有中国特色的教育数字化发展体系，为全球教育数字化提供了"中国方案"。

---

❶ UNESCO. Guidance for Generative AI in Education and Research [R]. Paris：UNESCO, 2023.

第一章　首都教育数字化转型：基础、进展与未来挑战

1. 完善顶层设计，构建系统化政策框架

中国教育数字化进程的首要特征是顶层设计的持续强化。教育部2018年4月发布的《教育信息化2.0行动计划》提出"三全两高一大"目标，推动"八大行动"落地，构建网络化、数字化、智能化的教育新生态，支撑教育现代化。该计划明确到2022年基本实现教学应用覆盖全体教师、学习应用覆盖全体适龄学生、数字校园建设覆盖全体学校的发展目标。

2021年7月，中央网络安全和信息化委员会办公室、教育部等六部门联合发布《关于推进教育新型基础设施建设构建高质量教育支撑体系的指导意见》，明确到2025年基本建成结构优化、集约高效、安全可靠的教育新型基础设施体系。

2023年2月，中共中央、国务院印发《数字中国建设整体布局规划》，将教育数字化战略纳入"数字公共服务普惠化"核心任务，要求大力实施国家教育数字化战略行动，完善国家智慧教育平台，推动教育公平与优质资源共享，支撑终身学习体系建设。中央财政持续加大教育投入力度，2023年投入近400亿元继续实施义务教育薄弱环节改善与能力提升等重大项目，其中包括对教育数字化基础设施建设的支持，强化战略资源支撑。[1]

2. 建设智慧平台，夯实教育基础设施支撑

在基础设施方面，国家智慧教育公共服务平台已成为推进教育数字化的核心支撑系统。据教育部发布数据，截至2023年7月12日，国家智慧教育平台门户及四个平台的总浏览量已超过30.3亿次，总访客量达4.3亿人。[2] 平台资源持续扩容，已汇聚中小学资源8.8万条、职业教育在线精品课程超1万门、高等教育优质慕课2.7万门。[3] 其中，截至2023年3月底，国家职业教育智慧教育平台累计上线专业教学资源库1324个、在线精品课程7126门、

---

[1] 教育部：《介绍2023年全国教育事业发展基本情况新闻发布会》[EB/OL].（2024-03-01）[2025-03-06］. http：//www.moe.gov.cn/fbh/live/2024/55831/.

[2] 优质数字资源供给不断扩大，国家智慧教育平台总浏览量超30.3亿次[N]. 扬子晚报网，2023-07-13.

[3] 教育部：国家智慧教育平台累计注册用户突破1亿[EB/OL].（2024-01-26）[2025-03-06］. http：//education.news.cn/20240126/172ca80ffb194af09465053107d11b15/c.html.

视频公开课2403门，覆盖全部19个专业大类❶，为"岗课赛证"融合改革提供核心支撑。

在地方实践方面，北京市海淀区推进"双师课堂"示范应用，通过16所团组式交流试点学校和结对学校，采用跨校兼课、双师课堂、学科校际联研等方式开展深入交流，2023—2024学年共有2173名教师参加交流轮岗❷，重点赋能农村及薄弱校教育提质。

此外，"爱课程"和"学堂在线"两个高校在线教学国际平台已入选联合国教科文组织全球教育联盟，上线了包括英语、法语、西班牙语、俄语等14种语言的1000余门国际化课程资源，覆盖177个国家和地区。❸ 2024年国家智慧教育公共服务平台国际版正式上线，首批向全世界免费推送780门中国金课❹，持续扩大中国优质在线教育的国际传播力与影响力。

3. 推动技术融合，拓展教学应用边界

随着人工智能与大数据技术深度融入教育场景，中国多地积极开展创新试点。上海徐汇区于2024年12月正式启动人工智能教育试验区建设，发布《徐汇区人工智能教育试验区建设三年行动计划（2025—2027）》，重点部署"大模型备课助手"与"教学助手"，通过智能工具辅助教学设计与学生学情分析。根据实际应用效果统计，引入希沃教学大模型及课堂智能反馈系统后，教师备课效率提升了50%，课件生成时间缩短了30%。❺

---

❶ 教育部：加强职业教育数字教学资源建设和应用［EB/OL］.（2024-01-19）［2025-03-06］. https://www.edu.cn/xxh/focus/zc/202401/t20240119_2555731.shtml.

❷ 海淀区教育委员会2023年区政府重点任务落实情况（第三季度）［EB/OL］.（2023-11-27）［2025-03-06］. https://zyk.bjhd.gov.cn/jbdt/auto4489_51785/zdrw/202311/t20231127_4630664_hd.shtml.

❸ 建设数量和应用规模均居世界第一——技术赋能教育共享高校资源［EB/OL］.（2023-02-12）［2025-03-06］. http://www.moe.gov.cn/jyb_xwfb/xw_zt/moe_357/2023/2023_zt01/mtbd/202302/t20230212_1043924.html.

❹ 数字无界教育无限——来自2024世界数字教育大会报告汇总［EB/OL］.（2024-02-19）［2025-06-06］. http://www.moe.gov.cn/jyb_xwfb/xw_zt/moe_357/2024/2024_zt02/mtbd/202402/t20240219_1115820.html.

❺ 上海徐汇：今年将继续加大人工智能在教育领域应用范围［EB/OL］.（2025-04-30）［2025-06-06］. http://edu.people.com.cn/n1/2025/0430/c1006-40471804.html.

第一章　首都教育数字化转型：基础、进展与未来挑战

杭州市以学校为单位推进AI应用创新试点。富阳区教育局计划面向全区教师推出"AI驾照"计划，目标实现30%的教师通过AI教学能力认证，并在25所学校试点AI双师课堂。❶ 该区通过AI技术全面融入课前、课中与课后教学环节，构建高效教学链，在教学管理、课堂反馈与教师备课等方面显著提升效率。

4. 强化数据治理，提升教育管理能力

在教育治理领域，数据驱动已成为重要机制。国家教育管理公共服务平台已归集约2.91亿名学生学籍信息及1891.78万名教师档案❷，形成全国统一的数据底座，有力支撑了学籍管理、教师调配等基础管理业务。

2023年，教育系统构建精准资助体系，通过数据比对和信息化手段提升家庭经济困难学生识别精度，全年各项普通高等教育学生资助政策共资助学生4529.63万人次，资助资金达1854.38亿元❸，有效促进了教育公平政策的精准落地。同年，教育系统开展大规模网络安全攻防演习，组织65支攻击队和73个防守单位进行为期15天的"背对背、实打实"网络攻防对抗和沙盘推演❹，显著提升了教育系统的安全防护能力。

5. 深化国际合作，提升全球治理影响力

在全球化背景下，中国深度推进教育数字化国际合作。坦桑尼亚全国体系化采纳中国开发的105项职业教育标准及100门数字化课程❺；通过联合国教科文组织中国信托基金"加强教师培训，缩小非洲教育质量差距"项目❻，

---

❶ "AI老师"率先亮相杭州，全面赋能教育科技人才一体化发展［EB/OL］.（2025-03-07）［2025-06-06］. https：//zj.chinadaily.com.cn/a/202503/07/WS67caaf51a310510f19eea595.html.
❷ 教育部.2023年全国教育事业发展统计公报［EB/OL］.（2024-10-24）［2025-06-06］. http：//www.moe.gov.cn/jyb_sjzl/sjzl_fztjgb/202410/t20241024_1159002.html.
❸ 全国学生资助管理中心.中国学生资助发展报告（2023年）［EB/OL］.（2024-09-12）［2025-06-06］. https：//www.xszz.edu.cn/n85/n171/c11841/content.html.
❹ 教育部科学技术与信息化司.2023年5月教育信息化和网络安全工作月报［EB/OL］.（2023-06-30）［2025-06-06］. https：//www.edu.cn/xxh/focus/gzyb/202306/t20230630_2449953.shtml.
❺ 关于遴选输出中国优质职业教育国际化数字教材项目（坦桑尼亚）的通知［EB/OL］.（2024-12-31）［2025-06-06］. https：//www.sohu.com/a/806595014_229991.
❻ 联合国教科文组织.加强教师培训，缩小非洲教育质量差距［EB/OL］.（2023-04-20）［2025-06-06］. https：//www.unesco.org/zh/articles/jiaqiangjiaoshipeixunsuoxiaofeizhoujiaoyuzhiliangchaju.

持续为非洲国家提供教师培训支持。2024年,中国开放大学、东华大学携手肯尼亚开放大学共建中非数字教育区域合作中心❶,推动数字教育资源在非洲地区的共享应用。目前已有17家鲁班工坊在15个非洲国家落户❷,通过技术赋能优化当地教学环境,培养非洲青年逾万人。未来三年将依托中非职教联盟进一步扩大培训规模,强化"数字+技能"复合型人才培养,为非洲现代化建设提供有力支撑。

(三)数字技术发展趋势与教育革新

2025年,数字技术与教育的融合已从初级的信息化阶段迈入深度智能化阶段。以5G、大模型、云计算为代表的新一代信息技术,正重构教育基础设施、教学方式与评价体系,推动教育模式从"辅助工具"向"系统重塑"加速跃迁。

1. 教育技术的创新应用:从工具辅助到生态重构

进入2025年,生成式人工智能、移动互联等前沿技术,已在全球范围内深刻嵌入教育实践。以可汗学院与OpenAI合作开发的Khanmigo为例,系统基于GPT-4实现自然语言交互,可在数学、编程、科学等多个学科中提供分步引导、语义纠错与仿真演示。在中国,字节跳动推出的"豆包爱学"平台(原名"河马爱学")提供基于大模型的作文评改、错题解析功能,有效提升教师工作效率。

慕课(MOOC)平台则在"学习—认证—就业"链条中不断拓展生态功能。平台如Coursera、edX通过与Google、AWS等企业合作提供微证书课程,促进学习成果与职业能力之间的对接。此外,区块链技术在学历与证书认证中展现出高可信度与高效率。麻省理工学院主导的Digital Credentials Consortium致力于构建数字凭证基础设施,探索基于区块链的文凭验证系统。

---

❶ 三方合作签约!中非数字教育区域合作中心成立 [EB/OL]. (2024-09-06) [2025-06-06]. https://news.dhu.edu.cn/2024/0906/c542a422073/pagem.htm.

❷ 让鲁班工坊与非洲发展同行 [EB/OL]. (2024-08-15) [2025-06-06]. https://news.gmw.cn/2024-08/15/content_37501311.htm.

2. 技术突破与教育场景融合：智能化升级的新动能

教育场景中各类技术的融合性创新，正推动教与学方式发生根本性变革。以大型语言模型（LLMs）为代表的认知智能系统正在重构学习过程。多邻国（Duolingo）开发的"Roleplay"对话模拟系统通过 GPT-4 驱动的语义互动提升语言运用能力，旨在增强用户的语法和交流水平。

教育大数据应用日趋深化，依托深度知识追踪模型（DKT）可动态追踪知识点掌握状态。例如，松鼠 AI 已覆盖 1200 个市县镇，深度服务超过 6 万家公立学校，校内用户超过 2400 万❶，通过 AI 智适应学习系统为学生提供个性化学习方案。

基础设施方面，混合云和边缘计算构建起更加敏捷的教育技术支撑环境。广东等地积极推进智慧教育云平台建设，通过国家与省级平台纵向贯通，结合市县边缘节点，实现学校间数据调度与资源共享。

3. 教育模式的根本性变革：从标准化走向生态化

技术推动的不仅是工具的变革，更深刻重塑了教育模式的逻辑。个性化学习日益成为主流。值得注意的是，Knewton 等早期自适应学习公司虽曾获得大量投资，但已于 2019 年停止运营，提醒我们技术应用需要可持续的商业模式支撑。

终身学习体系正逐步实现平台化与模块化整合。Coursera 与 IBM、Meta 等企业联合推出的专业证书课程（Professional Certificate）广泛嵌入招聘系统中，促进学习成果的可迁移性与就业对接。部分地区试点"增值评价+过程性追踪"模式，通过 AI 动态监测学生认知发展曲线，用成长性指标替代单一考试分数。

4. 持续变革中的挑战应对：普惠、公平与伦理的平衡

尽管数字技术带来诸多红利，但也伴随着结构性挑战。数字鸿沟仍是全

---

❶ 服务超 6 万家公立学校，"松鼠 Ai"创始人：人工智能和教育深度融合大有可为［EB/OL］.（2021-09-15）［2025-06-06］. https://stcsm.sh.gov.cn/xwzx/kjzl/20210915/63de651f2d314185af136753b1c9c088.html.

球教育公平的重大瓶颈。根据联合国贸易和发展会议（UNCTAD）《2024年数字经济报告》，全球数字鸿沟依然显著，尤其是最不发达国家面临较大挑战。全球移动通信系统协会（GSMA）《2024全球移动经济报告》指出，全球约3.1亿人（39%的全球人口）所在地区有网络覆盖但未使用移动网络服务，主要集中在低收入国家农村地区。

教师角色重构的压力日益加剧。应对策略包括"AI+师训"模式，如Google Teacher Center提供AI相关培训资源，以及"双师课堂"制度的推广实践，确保AI辅助真正嵌入教学主线。同时，数据安全与伦理治理体系仍需完善。欧盟于2024年8月1日正式实施《人工智能法案》，对AI系统的数据治理提出严格要求，包括算法透明性与用户知情权保障机制。我国教育部教育信息化技术标准委员会于2025年发布了《教育数据分类分级指南（征求意见稿）》，为教育数据的安全管理提供标准化指导。

第二节　首都教育数字化转型的条件优势与问题挑战

一、首都教育数字化转型的基础条件

（一）以健全机制筑牢数字教育发展根基

北京市教委将教育数字化转型列为重点工作，建立协调推进机制，通过评价指标强化监测与落实。2022年出台《北京市教育信息化"十四五"规划》，提出"素养为先、优质协同、融合创新、首善引领"理念，明确到"十四五"时期实现全市智慧校园达标率达85%、遴选100所新型智慧校园。2023年4月召开"数字赋能与教育创新"大会，发布《北京市中小学智慧校园建设规范（试行）》；2024年1月召开推进会，为首批示范校授牌。2025年3月印发《北京市推进中小学人工智能教育工作方案（2025—2027年）》，要求自秋季起全市中小学每学年不少于8课时人工智能通识教育，推动教育

第一章　首都教育数字化转型：基础、进展与未来挑战

数据要素流通与高质量发展深度耦合。

（二）以规划标准科学谋划数字教育发展蓝图

为构建系统化的教育数字化建设标准体系，北京市陆续出台《北京市中小学校信息化建设规范》《北京市中小学智慧校园建设规范（试行）》等政策文件，形成"规定动作+自选动作"相结合的标准执行机制。2025年发布的《北京市推进中小学人工智能教育工作方案（2025—2027年）》，构建涵盖课程、教学、支撑、师资、应用、推广和实施保障的七大体系框架，打造市级基础支撑平台，支持各区各校探索特色应用。北京市计划到2025年实现全市中小学校85%达标建设智慧校园。❶ 在数据治理方面，通过实施《北京市教育数据资源管理办法（试行）》，建立起"1+6+N"的教育大数据体系❷，涵盖5.7亿条数据记录❸，为科学决策与智能服务提供坚实支撑。

（三）以教育新基建铺就数字教育发展高速通道

北京市不断加大教育新型基础设施投入，建成覆盖近3000个教育机构的"北京市教育信息网"，实现千兆光纤入校比例超过70%、校园无线网络覆盖率达90%以上、IPv6技术规模化部署。❹"十四五"期间，市级层面推进网络基础设施全面升级，目标实现学校千兆接入率、班级百兆接入率、校园无线网络覆盖率均达到100%，构建高速稳定的网络传输体系和大容量云存储系统，为虚拟仿真实训、AI教学分析等应用提供有力的算力支撑。多媒体教学设备按照100%覆盖标准进行配置，同时引入自主可控的开源人工智能框架，构建"云—网—边—端"一体化的教育基础设施体系。

---

❶ 推动教育数字化转型2025年本市85%中小学建成智慧校园［EB/OL］.（2024-06-12）［2025-06-06］. https：//www.beijing.gov.cn/ywdt/gzdt/202406/t20240612_3709846.html.

❷ 北京教育大数据平台搭建教育信息化进一步提升［EB/OL］.（2022-11-16）［2025-06-06］. https：//edu.cnr.cn/dj/20221116/t20221116_526063208.shtml.

❸ 北京市教育委员会：加快推动形成新质生产力的更多生动实践［EB/OL］.（2024-01-15）［2025-06-06］. http：//www.moe.gov.cn/jyb_xwfb/moe_2082/2024/2024_zl01/202401/t20240115_1100354.html.

❹ 北京积极构建数字教育新基座、新场景、新空间——数字化为教育带来新动能［EB/OL］.（2023-02-03）［2025-03-12］. https：//www.moe.gov.cn/jyb_xwfb/moe_2082/2022/2022_zl12/202302/t20230203_1041862.html.

（四）以场景应用为驱动推进教育大数据底座建设

围绕教育治理需求，北京市加快推进教育大数据平台深度应用。自2022年4月上线以来，平台已汇聚市、区、校三级数据4.3亿条，涵盖学生体质健康、教师队伍、校园安全等专题模块，提升数据服务的针对性与实用性。2025年3月上线的"基础教育AI应用超市"，聚焦"助教、助学、助育、助评、助研、助管"六大领域❶，面向不同学段、学科、角色提供AI教育服务，实现优质应用的统筹推广与共享，支撑个性化教学与智能化服务。职业教育领域持续推进"职教大脑"建设，形成以"职教大脑"为核心的市级职教智慧教育平台"1+2+N"体系，通过数字化赋能教学改革与人才培养，构建数据驱动的科学决策机制，夯实教育治理现代化基础。

（五）以人工智能探索教育数字化转型的新路径

北京市积极探索人工智能与教育教学深度融合，开展基础教育AI融合试点，初步形成"智能学伴+AI导师+数字教师"协同支持的应用体系。❷ 在典型应用方面，朝阳区白家庄小学应用AI作文评阅系统，实现语文写作能力的智能评测，评测效率显著提升，并生成个性化报告；北京市第二十中学引入计算机视觉技术，通过智慧课堂行为分析系统优化教学互动质量；海淀区试点校应用VR技术辅助科学教学，有效提高抽象概念理解效果；海淀区翠微小学构建多维度学生发展评价体系，覆盖综合素质发展指标，推动AI助评机制在教育评价中的实质性落地。

二、首都教育数字化转型的突出优势

（一）标准引领：形成全国领先的智慧校园建设体系

北京市在推进教育数字化过程中，深刻认识到标准化的重要性，并通过

---

❶ 北京上线基础教育AI应用"超市"、高校AI创新社区［EB/OL］．（2025-03-01）［2025-03-12］．https：//m.bjnews.com.cn/detail/1740792899168062.html.

❷ "人工智能+"教育行动暨数智赋能优质教育案例展评活动在京举行［N］．中国教育报，2024-05-10.

制定一系列政策文件，如《北京市中小学智慧校园建设规范（试行）》《北京市高等学校智慧校园建设规范（试行）》《北京市教育数据资源管理办法（试行）》等，全面推动了智慧校园的标准化建设。这些政策文件涵盖了智慧校园建设的各个层面，建立了涵盖智能环境、数据应用、数字素养等九个维度的智慧校园评价标准，为全市教育信息化提供了统一标准和行动指南。

到2025年，市教委将遴选100所新型智慧校园示范校❶，并推荐其中的优秀案例，如海淀区中关村第一小学等学校已入选首批示范校❷，为全国智慧校园建设提供了宝贵的经验和可复制的成功模式。通过这些举措，北京市不仅引领了智慧校园建设的方向，也为全国教育数字化转型提供了示范和经验支持。

（二）协同创新：构建"人工智能+教育"融合发展生态

依托首都独特的高校、科研和产业资源优势，北京市积极推动"人工智能+教育"的深度融合，打造了一个高校、企业和中小学多方协同的人工智能教育生态体系。在校企合作方面，铜牛信息公司与北京教育信息网服务中心于2025年4月签署战略合作协议，共同构建"云—网—智—端"一体化的智慧教育服务体系，聚焦教育信息枢纽运营、智慧教育解决方案和资源公共服务三大业务板块。在应用创新方面，北京市于2025年3月正式上线基础教育AI应用"超市"，为中小学提供23款专属AI工具，涵盖作文辅导、阅读理解、心理健康等多个领域，显著提升了教学效率。

此外，在国际化方面，北京市强化开放协同，建设"北京人工智能与教育全球创新中心"，实施国际访问学者计划，推动国际交流合作，着力打造符合中国教育特点、在技术创新上居于国际前列的示范成果。这些协同创新模式有效推动了人工智能技术在教育领域的深度应用，通过25所试点学校的实

---

❶ 本市启动新一批智慧校园示范校遴选 2025年85%中小学变"智慧"[EB/OL].（2024-03-14）[2025-03-06]. https://www.beijing.gov.cn/ywdt/yaowen/202403/t20240314_3589137.html.

❷ 41所学校入选智慧校园示范校[EB/OL].（2023-10-10）[2025-03-06]. https://www.beijing.gov.cn/fuwu/bmfw/sy/jrts/202310/t20231010_3273597.html.

践验证❶，切实提升了教育教学的质量和效率。

（三）数据赋能：提升教育治理科学化水平

北京市建成了教育大数据"驾驶舱"平台，通过大数据技术为教育治理提供了有力支持。该平台具有专题分析、指标监测、进展跟踪和服务整合等核心功能模块，全面提升了教育管理的科学化水平。

在宏观管理方面，平台基于市、区、学校三级4.3亿条教育数据构建了学位供需预测模型❷，为教育资源的科学配置提供了数据支撑。在督导机制方面，依托"掌上督导"系统，推进了全市中小学校的线上督导工作，问题整改流程得到优化，提升了教育督导的时效性和精准性。在安全管理方面，智慧校园安全监测系统接入了大量物联网终端设备，建立了校园安全预警机制，提高了学校的安全保障水平。在服务集成方面，市级"京学通"平台整合了丰富的教育服务资源，提供一体化的入学、考试、评价办理服务，用户体验持续改善。

这些数据赋能举措，不仅推动了教育治理的数字化转型，还在提升教育管理效能、加强安全保障和优化服务体验方面发挥了重要作用。

三、首都教育数字化转型面临的问题与挑战

（一）技术应用与教育本质的平衡困境

在教育数字化推进过程中，部分学校在应用人工智能、大数据等技术手段时，出现了重工具轻理念的倾向。一些教学场景中，技术被过度使用，形成以数据驱动替代教育判断的做法，导致教学评价趋于标准化、机械化，削弱了对学生个性与差异的关注。与此同时，智能感知类技术的引入，如人脸识别、情绪分析等，也引发了关于学生隐私保护、数据伦理等方面的讨论。

---

❶ 两项市级AI教育应用平台上线［EB/OL］．（2025-03-03）［2025-03-06］．https：//www.beijing.gov.cn/ywdt/gzdt/202503/t20250303_4022696.html.

❷ 北京市教育大数据平台开通［EB/OL］．（2022-04-24）［2025-03-06］．https：//hr.edu.cn/zwhzx/jiaoyuzx/202204/t20220424_2222079.shtml.

这些现象反映出，当前教育数字化转型仍面临如何在技术赋能与教育本质之间实现平衡的根本性挑战。

（二）区域与校际数字化发展不均衡

北京市在教育数字基础设施和平台资源建设方面取得了较大发展，但区域之间、校际之间的数字化水平差异仍然明显。核心城区在网络建设、智慧校园应用、数字资源配置等方面优势突出，而部分远郊地区和中小规模学校在设备配置、网络条件、师资培训等方面相对滞后，影响了教育数字化的均衡推进。此外，部分区域教师对新技术的接受度与应用能力不足，进一步限制了技术工具在教育教学中的有效使用。区域数字化能力的差异不仅影响教育公平，也制约了整体数字教育生态的协同发展。

（三）系统化数字教育服务生态尚未完全形成

目前，北京市虽已建设了多个市、区级数字教育平台和教育信息系统，但整体尚未形成协同高效的一体化生态。一方面，部分区级平台在数据标准、系统接口等方面尚未实现与市级平台的有效对接，造成信息孤岛与数据壁垒，影响了资源共享和管理效率。另一方面，企业开发的教育类 AI 产品与中小学教育实际需求之间仍存在适配难题，教育内容的可用性与规范性不足，导致一线应用的转换成本较高。此外，教育数字化投入机制仍需完善，部分地区对数字化转型的支持仍依赖临时性或项目化财政拨款，缺乏长期稳定的政策与资金支持，影响了转型工作的持续推进和系统优化。

第二章
首都职业教育数字化转型全景扫描

第二章 首都职业教育数字化转型全景扫描

本章围绕首都职业教育的数字化转型展开系统阐述，首先从发展历程与现实挑战切入，回顾首都职业教育的整体发展状况、阶段性成就及所面临的问题；继而对职业教育数字化建设的总体情况、特色优势以及存在的短板进行剖析；在此基础上，分别从学生、教师和教学管理者三个视角开展现状调查与分析，呈现数字化转型的实际成效、运行特点与突出困境，并凝练针对性的对策建议，为推动首都职业教育数字化转型的深化实施提供实证支撑与决策参考。

第一节 首都职业教育发展回顾与现实挑战

随着经济发展和产业结构深刻变革，首都职业教育迎来前所未有的机遇与挑战。多年来，其在服务区域发展中不断优化结构、提升质量，培养了大批技术技能人才，社会认可度和就业质量显著提升。进入新时代，建设教育强国上升为国家战略，职业教育作为重要支撑，肩负着服务高质量发展和塑造新质生产力的关键使命。面对数字经济快速发展和智能化转型，首都职业教育正站在转型升级的新起点上。

一、首都职业教育发展概况

（一）中等职业教育[1]

1. 教育规模

2019—2023 年，北京市中等职业学校（含普通中专、成人中专、职业高中和技工学校）数量由 111 所减少至 100 所，但教育规模整体稳中有升。在校生人数从 7.65 万人增至 8.76 万人，招生人数从 2.16 万人增长至 3.20 万人，校均规模从 689 人提升至 875 人，均创近年来新高（见表 2-1）。学校数量的减少反映出资源整合和结构优化趋势，而在校生和招生人数的持续增长

---

[1] 数据来源：《北京市教育事业统计资料》（2019—2024 年）。

则显示出职业教育吸引力不断增强。总体来看，北京中职教育正由注重数量向提升质量转变，呈现出"规模优化、质量提升"的良性发展态势。这一变化不仅反映了教育供给侧结构性改革的成效，也为高质量技术技能人才培养奠定了坚实基础。

表2-1 2019—2023年首都中职教育规模

年份	学校数（所）	在校生数（万人）	校均规模（人/校）	招生数（万人）
2019	111	7.65	689	2.16
2020	110	7.31	664	2.61
2021	109	7.41	680	2.66
2022	102	8.28	812	3.07
2023	100	8.76	875	3.20

2. 教师队伍

2019—2023年，北京市中职学校专任教师人数由6019人降至5258人，呈持续下降趋势，反映出学校规模调整与教师资源优化的现实需要。44岁及以下青年教师比例由56.54%降至51.41%，显示教师队伍年龄结构趋于稳定。与此同时，高级职称教师比例稳步上升，从32.21%增至34.79%（见表2-2），有力保障了教育教学质量与师资队伍专业化水平。整体来看，中职教师队伍正朝着"结构优化、素质提升"方向发展。

表2-2 2019—2023年首都中职教育教师队伍情况

年份	专任教师数（人）	44岁及以下教师比例（%）	高级职称教师比例（%）
2019	6019	56.54	32.21
2020	5765	53.22	33.18
2021	5598	53.06	33.42

续表

年份	专任教师数（人）	44岁及以下教师比例（%）	高级职称教师比例（%）
2022	5391	51.84	34.75
2023	5258	51.41	34.79

3. 教育经费投入

2018—2022年，北京市中职学校生均预算内教育事业费总体呈稳步增长态势，由2018年的53861.27元提升至2022年的70456.50元，年均增长约7%，反映出政府对中职教育的资金保障力度持续加强。经费投入的稳步提升，为优化教学条件、提升教育质量提供了有力支撑，也体现出首都在推动职业教育现代化发展方面的政策导向与财政支持（见表2-3）。

表2-3 2018—2022年首都中职教育预算内生均教育事业费情况

年份	生均教育事业费（元）
2018	53861.27
2019	66304.61
2020	68451.66
2021	70514.69
2022	70456.50

4. 主要办学条件

2019—2023年，北京市中等职业学校办学条件整体呈现紧缩趋势。学校占地面积由2019年的385.5万平方米减少至2023年的332.36万平方米，建筑面积也从236.43万平方米下降至211.23万平方米，反映出学校总规模有所收缩。在教育资源方面，馆藏图书数量由2019年的463.74万册降至2023年的340.60万册（见表2-4）。整体来看，2029—2023年北京市中等职业学校的办学条件呈现出一定收缩态势，反映出学校总量规模有所压缩。

表2-4　2019—2023年北京市中职学校主要办学条件

年份	占地面积（万平方米）	建筑面积（万平方米）	馆藏图书（万册）
2019	385.5	236.43	463.74
2020	378.66	234.90	450.83
2021	360.69	221.56	355.45
2022	344.07	214.55	340.43
2023	332.36	211.23	340.60

（二）高等职业教育❶

近年来，首都高等职业教育在规模增长、师资建设、经费保障与办学条件等方面持续优化，体系化、类型化、数字化发展水平不断提升，为建设首都现代职业教育体系奠定了坚实基础。

1. 教育规模

截至2024年年底，首都共有25所独立设置的高等职业院校（不含首钢工学院），全年招生总数达到3.21万人，其中全日制本科0.15万人、全日制专科3.06万人，较2023年增加5700余人，增幅达21.59%。毕业生总数为2.2万人，同比增加0.3万人。在校生方面，全日制专科生规模达6.57万人，较上年增长8300人，其中普通高中起点生源为4.17万人，中职起点为1.93万人，社会招生及其他为0.46万人。整体招生与在校生规模呈现稳步增长趋势，充分反映出首都高职教育对人才市场需求的积极响应。

2. 教师队伍

2024年，首都高职院校教职工总数为8433人，同比增加37人。其中专任教师4745人，较上年增加238人。高级职称教师占比为41.37%，硕士及以上学历教师比例达到82.49%，均保持稳定或有所提升。"双师型"教师总数为3015人，占专任教师总数的63.54%，虽然较前两年有所下降，但总体规模仍保持在较高水平。同时，行业导师数量增加至1278人，较上年增加

---

❶ 资料来源：《北京市高等职业教育质量年度报告（2024年度）》。

374 人，为产教融合和实践教学提供了有力支撑。

3. 教育经费投入

2024 年，首都高职院校年度经费总收入为 51.64 亿元，同比增长 8.31%。其中财政生均拨款为 30.92 亿元，略低于上年水平。在总支出方面，2024 年达到 51.64 亿元，同比增长 9.01%。经费使用优先保障教学运行、改革创新与教师发展，其中日常教学支出 5.41 亿元，教学改革及科研支出 2.34 亿元，师资建设支出 1.03 亿元，分别同比增长 12.95%、7.44% 和 93.54%。与此同时，基础设施建设与设备采购投入分别为 2.87 亿元和 2.68 亿元，显示出首都高职院校对内涵建设的持续聚焦。

4. 主要办学条件

2024 年，首都高职院校办学条件进一步改善，教育资源持续扩充。全市高职院校占地面积达 712.58 万平方米，教学、科研及辅助用房面积 183.25 万平方米，分别较上年增加 53.02 万平方米和 3.56 万平方米。纸质图书总量达 1180.9 万册，数字资源折合总量为 7780.88 万册。固定资产总值为 155.79 亿元，教学科研仪器设备总值 47.21 亿元，当年新增设备投入 3.48 亿元。实践教学方面，校内实践教学场所达 1903 个，校外实践场所达 1946 个，分别比上年增加 35 个和 159 个。尽管部分人均资源指标略有下降，但整体资源配置依然能够有效支撑实践教学和人才培养质量的提升。

二、首都职业教育发展的历程回顾

（一）初始阶段（1949—1965 年）

1949 年，北京市中等专业学校数量仅有 20 所。中华人民共和国成立后，北京迫切需要大量技术技能人才以支撑首都的重建和发展。于是，北京市通过接管、改造、调整和新建等方式，由行业部门创办了大量中等专业学校和技术学校，到 1957 年中等专业学校数量增至 29 所，在校生达到 2.5 万人，技术学校也有 20 所。这一时期，职业教育受到苏联模式的影响，着重于培养中等技术骨干力量,对首都工业建设和经济发展作出了重要贡献。[1]

(二) 动荡与停滞 (1966—1977 年)

"文革"期间,北京的职业教育遭受严重打击,学校停办、停止招生。1966 年全市有技校 88 所,在校生约 2 万人。到 1970 年年底,全市仅剩下 9 所,在校生 100 多人。1971 年,中等专业学校有 20 所,与 1949 年持平,成为中等专业学校数最少的两个年份之一,1972 年 9 月,市革委会文教组批复同意市卫生局《关于恢复中专招生的报告》,北京中专学校开始恢复招生。这一时期凸显了社会动荡对教育系统的影响。[2]

(三) 改革开放与振兴 (1978—1990 年)

改革开放后,北京职业教育迎来发展的春天。1978—1990 年,职业教育得到政府和社会的高度重视,中等职业学校学生规模持续上升,高等职业教育也开始探索发展。北京经济的快速恢复和发展,以及"文革"后的教育重建需求,为职业教育的快速发展提供了有利条件。1980 年,第一批 52 所普通学校改建为职业高中,设 40 个专业,招生 4164 人,以后逐年增多。职业高中在全市 18 个区县普遍开花。到 1990 年,全市仅职业高中就有 22 所,增加了 400%。这些学校开办的专业(工种)有 230 多个,服务面覆盖第一、第二、第三产业,其中为第一、第二产业服务的专业各占 10%,而为三产服务的占 80% 左右。20 世纪 80 年代可以说是职业高中从无到有,从少到多的蓬勃发展时期,也是中专和技校恢复生机、在原有基础上稳步提高的生长时期。

(四) 结构调整与高质量发展 (1991—2024 年)

自 20 世纪 90 年代以来,北京市职业教育实现了由规模扩张向体系化、内涵式发展的转型。1997 年《北京市实施〈职业教育法〉办法》确立职业教育地位;2006 年《北京市人民政府关于大力发展职业教育的决定》设定到 2010 年,全市中等职业学校(部)调整至 100 所左右,独立设置的高等职业

---

[1] 邢晖. 职业教育发展论纲:透视北京职教 [M]. 北京:高等教育出版社,2004:44.
[2] 北京教育志丛书编委会. 北京教育 60 年 (1949—2009 大事记) [M]. 北京:北京工艺美术出版社,2009:180.

学校达到35所左右的目标。2011年,全国首个"职业教育分级制"试点在京启动,构建中职—高职—应用型本科贯通体系。2020年《关于深化职业教育改革的若干意见》提出加快建设数字化新兴专业;2022年《北京市推动职业教育高质量发展的实施方案》明确提出优先发展人工智能、区块链等方向,优化专业结构,推动职业教育走向高质量、类型化发展新阶段。

"十四五"时期,北京职业教育聚焦国家战略和首都功能定位,全面推进区域协同、数字化改革和国际合作。区域协同发展成效显著,京津冀三地通过跨省单独招生试点和中高职"3+2"联合培养等方式,累计招生13000余人,北京在雄安新区设立职教分校,积极服务新区建设和人才需求。数字化改革持续推进,2023年市教委确定32个专业教学资源库为北京市职业教育专业教学资源库,有力支撑了数字化教学资源建设。国际化办学水平不断提升,多所北京职业院校被确定为中德先进职业教育合作项目试点院校,在智能制造、信息技术等领域深化国际合作。专业结构持续优化,面向首都高精尖产业发展需求,2024年北京中等职业学校新增专业54个、撤销专业156个,新增专业重点布局氢能技术、智慧康养等新兴领域,精准对接高精尖产业发展。人才培养模式创新发展,2024年30个项目入选北京首批现场工程师专项培养计划,师资队伍建设成效显著,"双师型"教师占专业课教师比例达到88.11%。在新修订《职业教育法》保障下,北京职业教育已形成系统化、开放型格局,正以技术创新和制度完善为双轮驱动,持续赋能首都高质量发展。

三、首都职业教育发展的阶段性成就

近年来,北京市职业教育紧紧围绕服务国家战略与首都"四个中心"功能定位,通过结构性改革和系统化建设,不断优化专业布局、提升教育质量、强化融合机制,逐步构建起具有首都特色的现代职业教育体系。

(一)支撑首都"四个中心"功能建设,推动职业教育高质量发展

围绕首都核心功能,北京市通过动态调整专业结构强化重点领域支撑。近年来,全市持续优化专业布局,2024年中等职业学校新增专业54个、撤销

专业156个，重点布局人工智能技术与应用、大数据技术应用、网络信息安全、数字媒体技术应用等战略新兴产业专业，精准对接首都高精尖产业发展需求。国家"双高计划"建设中，北京7所院校入选建设单位，北京电子科技职业学院（A档）、北京工业职业技术学院（B档）等院校建成国家级高水平专业群，显著增强专业辐射力。产教融合方面，北京财贸职业学院与京东物流教育合作，共建智能供应链产业学院，通过开设实验班、建设实训室、开发数字供应链一体化仿真教学平台等方式，将产业技术引入课堂。北京积极推进"四个一工程"，各职业院校大力开展非学历培训和社会服务，2024年高职院校非学历培训项目由2023年的705个增长到1083个，增长53.6%。北京劳动保障职业学院依托智慧健康养老服务与管理专业，持续开展养老护理员培训，精准服务城市人口老龄化需求。

（二）适应首都产业转型升级需求，强化类型教育特色建设

面向新一轮产业升级，北京职业教育以"工程师学院"建设为抓手，深化产教融合。2024年，北京市教委完成了49个特色高水平实训基地（工程师学院和技术技能大师工作室）建设项目验收工作，如北京电子科技职业学院与SMC、京东方等企业合作共建"先进制造未来工程师学院"。贯通培养方面，北京铁路电气化学校与北京信息科技大学联合开展"轨道交通车辆运用、轨道交通设备与控制、轨道交通供电"等专业的贯通培养项目，形成中职-高职-本科衔接的人才培养体系。京津冀协同发展已成立15个跨区域特色职教集团（联盟），组建22个高校创新发展联盟，天津市16所中职学校与河北省71所中职学校开展"1+2"和"2+1"人才联合培养16000余人，服务高端制造、现代农业等重点领域。

（三）提升首都标准国际化水平，推进教育教学系统化改革

北京市加快推进国际合作办学和标准输出。北京电子科技职业学院与德国工商大会（AHK）合作开展职业技能认证，引入德国"双元制"课程体系，学校设有德国AHK/IHK切削机械师等国际认证标准。北京信息职业技术学院与埃及苏伊士运河大学、埃及MEK基金会三方合作共建"埃中应用技术

学院"（ECCAT），推广中国职业教育标准和技术规范。教学改革中，北京市昌平职业学校"网店运营管理"、"新媒体创意短视频制作"等课程入选2023年国家级精品在线课程。北京市职业教育持续推进师资队伍建设，全国中等职业教育"双师型"教师占比达到56.71%；北京工业职业技术学院机电一体化技术专业教学团队入选首批国家级职业教育教师教学创新团队。

（四）增强职业教育适应性，完善首都现代职业教育体系

北京市坚持职普融通、产教融合和市域协同，推动职业教育更好服务首都高质量发展。2024年，北京积极推进"学籍互转"课程互选等职普融通机制探索，推动普通高中与中职学校贯通培养，提升类型教育协同水平。职业本科建设持续深化，北京电子科技职业学院与集创北方共建集成电路封测中试基地，每年完成不少于1亿颗芯片的功能测试，企业向学院捐赠价值300余万元的产业级测试设备。市级产教联合体加快布局，各类人才培养项目蓬勃发展。企业深度参与育人，北京职业院校与集创北方、北方华创等企业共建产业学院和中试基地，强化高精尖领域人才储备。制度层面，北京动态调整专业结构，2024年41所院校新增78个职业教育专业，其中新增人工智能技术应用、工业互联网应用、区块链技术应用等数字技能相关专业22个，推动现代职教体系不断完善、结构更趋优化。

（五）优化校企合作政策环境，创新产教融合的关键举措

通过税收激励与制度创新，北京营造出有利于校企深度合作的政策生态。北京市对纳入产教融合型企业认证目录的企业实施"金融+财政+土地+信用"的组合式激励，并按规定落实相关税收政策。2024年，北京市建设了11个市域产教联合体，着力打造一批产能规模大、创新能力强、生态环境优的发展高地。现代学徒制试点工作持续推进，北京电子科技职业学院等多所院校与企业深度合作，订单培养和现代学徒制学生占比近50%。北京信息职业技术学院与新大陆教育等企业开展现代学徒制合作，探索特色人才培养模式。全市积极推进产业学院建设，如京东学院（北京物资学院）专注现代物流与供应链人才培养，北京师范大学与百度合作建立松果人才培养实践基地。截至

2024年，北京市高职院校毕业生达2.2万人，为首都经济社会发展输送了大量技术技能人才。

四、首都职业教育发展面临的挑战

（一）加快构建高质量现代职业教育体系

北京市在现代职教体系建设上持续推进，但整体性与协同性仍需加强。一方面，职业本科供给难以满足首都高层次技术技能人才需求。民政职业大学（2024年）与北京科技职业大学（2025年）相继设立，并启动6个职业本科专业首招，但仍处起步阶段、规模有限。另一方面，"职普融通"制度尚在完善，虽已明确课程互选、学籍互转等政策并细化贯通培养规则，但学分互认、课程体系贯通与多元升学路径仍需打通。2025年全市贯通培养计划招生1035人，较重点产业需求仍有差距。应在制度供给、高层次资源和类型定位上协同发力，推动体系由试点走向规模化、可持续发展。

（二）强化立德树人与学生综合素养培育

北京市职业教育始终坚持立德树人根本任务，积极推进三全育人体系建设，但在德育系统化、思政课程一体化及综合素质培养等方面仍有完善空间。当前，中高职思政课的一体化建设尚处于初期阶段，课程内容的实践性、时代性和针对性有待提升，思政教师的专业素养与教学能力也需进一步增强。北京信息职业技术学院等院校虽已开展"就业思政"工作体系建设，将毕业生就业作为立德树人的重要环节，但整体而言，心理健康服务、班主任队伍建设、劳动教育与职业道德教育的系统集成仍不够充分，各育人环节的协同机制尚待健全。同时，"大思政课"建设格局下，如何统筹推动价值引领、实践运用、生态培育、完善协同育人机制，仍需深入探索。持续推进德智体美劳全面发展，构建贯通式、全过程、全方位的育人体系，将有助于提升职业教育育人质量与文化软实力。

（三）深入推进产教融合与校企协同发展

北京市在推进产教融合和校企协同方面取得积极成效，但仍需在深度和广度上持续突破。根据《产教融合北京职业教育体系三年行动计划（2025—2027年）》，北京已制定到2027年建设20个左右市域产教联合体、50个左右行业产教融合共同体的明确目标，并计划校企共建100个开放性区域产教融合实践中心和共性技术服务平台。但在具体实施中，机制建设、政策支持和项目牵引等方面仍有优化空间。校企合作虽然日益普遍，但部分合作尚停留在形式层面，企业深度参与教育教学、人才培养和课程开发的积极性仍有待激发。特别是在服务首都新质生产力发展方面，职业教育与数字经济、战略性新兴产业、专精特新企业等领域之间的协同机制仍需强化。当前正值产业数字化转型关键期，推动教育链、人才链与产业链、创新链的深度融合，是未来提高职业教育服务首都产业发展的关键突破方向。

（四）全面提升职业教育内涵建设质量

随着技术迭代加速，北京市职业教育在"五金"建设（金专业、金课程、金教材、金教师、金基地）方面不断取得新进展，但应对新技术发展所带来的系统性挑战仍需持续努力。专业设置与课程体系需更加紧贴产业前沿，教学内容与方法要加快数字化、智能化升级。同时，"双师型"教师队伍建设仍面临结构性矛盾，根据国家统计，全国职业教育"双师型"教师超过50%，但高素质复合型教师仍属稀缺资源，特别是既具备丰富教育经验又有扎实企业实践经验的优秀教师数量不足。在数字化基础设施建设方面，虽然教育部已启动职业教育示范性虚拟仿真实训基地建设，遴选215个培育项目覆盖18个专业大类，北京虽起步较早，但在虚拟仿真教学资源、智能实训基地建设等方面，距离构建国际一流职业教育数字生态尚有差距。加快推动教师培训、课程内容改革与数字资源共建共享，将是提升首都职业教育内涵发展的重要路径。

（五）拓展国际化发展空间与交流合作

作为国家对外开放窗口，北京市职业教育具备独特区位优势。2017年率先实施"一带一路"国家人才培养基地项目，2019年发起成立"丝路工匠"职业院校国际合作联盟，涵盖7国59所院校。已举办多届国际技能大赛，

2022年第二届大赛吸引21国84校818名学生参赛。通过"丝路学堂"建立海外分校，输出1个专业标准和8门课程，培训来华留学生203人，覆盖近30国。但整体国际化水平仍需提升。对照《北京市"十四五"时期教育改革和发展规划》提出的"国际一流职业院校和特色高水平专业"目标，目前国际化特色专业建设发展不均，国际学生培养体系不够健全，参与全球职业教育治理与标准构建能力有待增强。特别在"一带一路"沿线教育合作项目、师生交流机制和职业资格国际互认方面，合作模式相对单一、影响力不强。

第二节 首都职业教育数字化建设概览

一、首都职业教育数字化建设的总体情况

（一）数字校园建设的推进

教育部于2015年3月正式发布《职业院校数字校园建设规范》，并于2020年6月发布了更新版本《职业院校数字校园规范》。北京市积极响应国家政策，适应新形势、落实新要求、顺应"互联网+职业教育"发展趋势，引导职业院校加快建设数字化校园，取得显著成效。通过全面贯彻落实相关规范要求，北京市明确了数字校园建设的标准和目标，为各职业院校提供了清晰的指引和强有力的支持。

1. 系统设计整体解决方案

北京市按照国家《全国职业院校大数据中心建设指南》要求，指导各职业院校制定校本数据中心建设方案，为院校提供了关于如何系统设计和实施学校信息化的整体解决方案。这些方案不仅涉及硬件设施的建设，如数据中心的配置和网络布局，也包括软件系统的选择和集成，确保了数字化建设的高效性和系统性。

2. 构建数字化教学平台体系

北京市高职院校积极探索数字化教学平台建设，推动各类教学系统的有

机融合。截至2023年底，全市高职院校建有专业教学资源库147个，其中国家级教学资源库14个、接入国家智慧教育平台12个；在线精品课程896门，其中国家级21门。各院校以网络教学平台和资源库平台为核心，不断优化学习资源的管理和使用，为学生和教师提供了统一的数字化学习和教学环境，极大地提高了教育教学的效率和质量。

3. 重构学习环境实现教学全过程的数字化管理

通过数字校园建设，北京市职业院校实现了学习环境的全面重构，创建了无缝衔接的数字学习空间。按照《北京市中长期教育改革和发展规划纲要（2010—2020年）》要求，努力构建"人人皆学、处处可学、时时能学"的终身教育体系。通过线上线下混合教学模式的实施，北京市的职业教育机构基本实现了课前预习、课中教学、课后复习和教学评估的全流程数字化管理。

根据北京市职业院校教学质量管理监测指标体系要求，各院校积极"开展数字化个性化学习、混合式教学等"，使得教学活动更加灵活多样，更能满足学生个性化学习的需求。北京财贸职业学院自主研发"财贸在线"平台，北京信息职业技术学院基于专业教学资源库建设混合式课程体系，北京体育职业学院借助国家智慧教育平台资源实现线上线下融合教学，这些实践都体现了数字化教学的创新成果。

总体来看，北京市职业教育数字化建设的推进，特别是在数字校园建设方面的深入实施，不仅展现了北京市在职业教育领域的创新意识和实力，也为学生提供了更加丰富、高效和个性化的学习体验。全市构建了以"北京职教大脑"为核心的职教智慧教育平台，建设了37个虚拟仿真实训基地，互联网出口带宽达到3018.00Mbps。通过这些努力，北京市在提高职业教育质量、促进教育公平以及培养符合社会发展需求的高素质技术技能人才方面迈出了坚实的步伐。

案例1：北京信息职业技术学院积极推进"数字校园"与教学应用深度融合。2010年，学院建成校园网络并被认定为北京市首批高校数字校园示范校，自主研发"北信在线"全业务在线教育平台，逐步完善教学服务与学习支持功能，形成了统一入口和数据支撑的在线教学生态。

在 2015 年，学院主持建设职业教育计算机应用技术专业国家教学资源库，构建涵盖专业、课程与综合模块的结构化资源体系，为核心课程和基础课程的教学与训练提供平台化支撑。依托国家教学资源库与第三方平台，学院建设信息安全与管理等专业群门户，集中呈现课程资源与学习空间，并实现资源数量、课程门数、用户规模等运行数据的可视化管理。

在教学实施方面，"北信在线"作为校内在线教学主平台，在 2020 年春季学期疫情期间，开设在线课程 1388 门次，教师在线授课 53355 小时，学生访问量超过 1.9 亿人次。平台大数据功能用于实时掌握教学运行与质量，保障"线上+线下"教学的连续性与有效性。此后，学院将混合式教学延伸至成人学历教育等领域，贯通课堂教学、实训与考核评价，形成常态化的教学机制，并持续迭代平台与应用，保障教学入口与资源库稳定运行，推动教育数字化水平不断提升。

案例 2：北京市劲松职业高中自 2017 年 12 月入选中央电教馆第三批全国职业院校数字校园实验校以来，信息化建设成为学校发展的新亮点。该校持续推进混合式教学模式，通过对学生学习行为的数据分析，提供个性化的学情反馈，并搭建多元、多层次的教学评估体系，实现教学目标的全面、客观、精确评估。信息化融合显著提升了教师的信息素养，100%的教师能够独立线上建课并开展授课，约 70.8%的教师能够自主制作数字化学习资源，并全程管理和评价学生在线学习。通过信息化建设提升专业人才培养质量，学校构建了"特高骨干专业群"、工程师学院及技术技能大师工作室等教学平台，混合式教学模式成为各专业建设的亮点。学校还引入"一站式智慧管理平台——校友人人通"，全面推动教学管理、德育、后勤、实习与移动办公的信息化建设，显著提升师生的信息素养和学校管理效率。

（二）专业教学资源库建设的推进

北京市在推动职业教育数字化建设的过程中，专业教学资源库建设的推进占据了重要地位。这一举措旨在通过标准化和系统化的努力，极大地提高教育资源的质量和应用效率，促进资源共享，从而提升职业教育的整体教学水平和效率。

1. 推动国、省、校三级专业教学资源库的建设应用

北京市严格按照《职业教育提质培优行动计划（2020—2023年）》关于"推进国家、省、校三级专业教学资源库建设应用"的总体要求，积极推动省级、校级专业教学资源库的建设和应用。这一策略不仅确保了资源库建设的质量，也促进了教学资源的分层管理和有序使用。通过这种分级管理，每一级别的资源库都能针对其服务的具体对象进行更加精准的资源配置和开发，有效满足不同层次教育需求。

2. 落实共建共享的资源建设理念

北京市在专业教学资源库建设中积极贯彻落实国家关于建立共建共享平台的资源认证标准和交易机制的政策要求，这一创新举措旨在通过统一的标准确保教学资源的质量，通过有效的共享机制促进资源的广泛应用。这种理念不仅增强了资源库之间的互联互通，也为教学资源的合理流动和高效利用提供了有力保障。通过规范化管理，可以确保每项资源的质量和适用性；通过共享应用，可以实现资源的最大化利用和价值发挥。

3. 提高资源库的质量和应用水平

北京市职业教育专业教学资源库建设的另一大目标是提高资源库的质量和应用水平。通过严格的资源审核和有效的共享应用，教育资源得到了优化配置和高效利用，极大地提高了资源库的实用价值和教学效果。同时，这种资源库的建设和应用，还促进了教师教学方法的创新和学生学习方式的多样化，为提升教育教学质量提供了强有力的支撑。

根据北京市教育委员会官方文件，2022年，经过遴选，北京市共有60个资源库被认定为市级职业院校专业教学资源库。2023年，又有32个资源库通过审核，重点向精准对接北京高精尖产业、城市运行保障、高品质民生及文化传承等领域倾斜。各院校进入建设期后，北京市教育委员会对各资源库实施动态管理，跟踪监测资源库在线运行、教学应用、实施效果及共享情况。

案例3：北京电子科技职业学院"北电科智慧教学云平台"已建成智慧在线教学系统，建设在线课程900余门，音视频等各类资源总量达80余万个，平台学习累计逾 7 亿人次，公开上线累计开课 348 期次，形成较为完善的在线教学资源体系。学校同步建设多个专业群教学资源库并入选北京市职业教育专业教学资源库。课程建设方面，《工业机器人实操与应用技巧》《自动化生产线安装与调试》获批教育部职业教育国家在线精品课程，《动物细胞培养》等多门课程获评北京市职业教育在线精品课程；多门课程已通过国家职业教育智慧教育平台、中国大学 MOOC、智慧树等平台对外开放。

总而言之，北京市在专业教学资源库建设的推进上表现出了较高的标准化、系统化和创新性，不仅提高了教学资源的质量和应用效率，也促进了教育资源的广泛共享和合理利用。通过这些努力，北京市职业教育的数字化建设在资源优化配置和教育质量提升方面取得了显著成效，为实现高质量职业教育发展目标奠定了坚实基础。

（三）信息化标杆学校的遴选

为深入贯彻全国职业教育工作会议精神，推动落实《职业院校数字校园规范》，提升职业院校信息化建设和应用水平，北京市积极推动学校加快信息化建设。根据《北京市高等职业教育质量年度报告（2023）》显示，全市共有 23 所高职院校承接了《国家职业教育提质培优行动计划（2020—2023 年）》建设任务。北京市持续加强职业教育信息化建设，在数字校园建设、智慧教室运用、在线教育平台开发等多个方面展现了领先水平。通过校企共建、协同创新模式，这些学校有效将信息技术融入教育教学、管理、服务等各环节，极大提高了教育质量和效率，同时为学生提供了丰富多样的学习资源和实践机会。

（四）示范性虚拟仿真实训基地的建设

除了信息化建设的整体推进，北京市还特别注重示范性虚拟仿真实训基地的建设与推广。这些基地通过高度仿真的虚拟实训环境，为学生提供接近真实工作场景的学习体验，有效弥补了传统实训条件的局限性，同时加强了学生的实践技能训练并为校企合作提供新平台。

2022 年 5 月 9 日，北京市教育委员会正式公布《北京市首批职业教育示范性虚拟仿真实训基地培育项目名单》，确定北京电子科技职业学院高端装备智能制造与维护虚拟仿真实训基地等18个基地为首批培育项目。各项目单位依据《职业院校数字校园规范》《职业院校专业实训教学条件建设标准》及《职业教育示范性虚拟仿真实训基地建设指南》要求，依托校企共建和协同创新模式，将新技术与教学内容融合，深化实践教学模式和数字化改革，并按照"先培育、后认定"程序接受指导和评估，2023年底与教育部同步开展建设效能评价，正式认定北京市首批示范性基地。

（五）职业教育精品在线开放课程的建设

北京市面向公共基础课和大规模专业课，分级遴选职业教育精品在线开放课程，推动教学内容、教学模式与教学管理机制改革创新，促进信息技术与教学深度融合，适应学生个性化发展和终身学习需求。2022年，全市高职院校校级精品在线课程达551门，其中省级在线精品课程84门，国家级在线精品课程10门（截至2022年末）。

2024年12月，教育部办公厅发布《2023年职业教育国家在线精品课程认定结果》，全国共认定914门课程为国家在线精品课程，北京市有16门课程入选，并统一接入国家职业教育智慧教育平台，要求动态更新资源并确保不少于5年教学服务，教育部对运行情况将进行持续监测，以保障教学质量。

二、首都职业教育数字化建设的主要特征

（一）建设体系全面覆盖

北京市职业教育数字化建设体现出系统性和全覆盖的特点。根据教育部发布的《职业院校数字校园规范》（2020年），北京市积极响应并全面实施数字化转型，建设涵盖了基础设施完善、教学模式创新、管理服务优化等教育全链条的数字化改革。通过制定《北京市高等学校智慧校园建设规范（试行）》和《北京市中小学智慧校园建设规范（试行）》等地方标准，为各类职业院校提供了规范化的建设指导，确保了数字化建设的标准化和系统性，有效整合了教育资源，为学生创造了更加便利的学习环境。

（二）教学模式持续创新

北京市在职业教育数字化建设中注重教学模式的创新发展。据《北京市中等职业教育质量报告（2023年度）》显示，北京市昌平职业学校构建了混合式"5E"教学模式，实施线上线下混合式教学，有效推动了学习方式变革和课程改革。《北京市高等职业教育质量报告（2023年度）》也显示，2023年北京高职院校以"数字化"为引领，探索混合式教学方法改革，推进"互联网+"混合教学智慧课堂教学模式改革。这些创新实践不仅提升了教育质量和效率，也促进了教育公平，体现了北京市在职业教育数字化转型中的探索精神。

（三）资源配置优化高效

数字化转型显著提升了北京市职业教育的资源配置效率。通过建设数字化校园、专业教学资源库以及智慧教育平台等，实现了教学资源的优化配置和教育管理流程的精简。根据北京市教育委员会发布的《2024年北京市职业教育与成人教育工作要点》，北京市加强了职业教育智慧教育平台建设，支持学校将数字技术应用于教学全过程。这种高效的资源配置不仅减轻了教师的工作负担，提高了学生的学习效率，也为教育管理者提供了数据支撑，促进了教育决策的科学化。

（四）发展模式可持续

在推进职业教育数字化建设过程中，北京市注重可持续发展原则。通过建设共建共享的资源平台、深化校企合作等措施，优化了教育资源的分配，促进了教育内容和方法的持续创新。根据《加快构建职普融通、产教融合北京职业教育体系三年行动计划（2025—2027年）》，北京市将继续推进高质量的数字化建设。此外，通过遴选信息化标杆学校和示范性虚拟仿真实训基地，北京市进一步强化了示范引领作用，为全市乃至全国的职业教育数字化转型提供了实践参考。

总之，北京市职业教育数字化建设以其系统全面、模式创新、配置高效和发展可持续的特征，不仅为本地区职业教育发展提供了有力支撑，也为国内外职业教育数字化转型提供了宝贵的实践经验。

三、首都职业教育数字化建设面临的主要挑战

尽管首都职业教育数字化建设取得了显著成果，但在深化和拓展数字化转型过程中，仍面临一些需要重点关注和改进的领域。

（一）教师数字素养有待提升

根据《北京市教育委员会关于2024年首都教育数字化转型五项重点工作的通知》的要求，虽然已有相当比例的教师能够开展在线教学，但提升全体教师的数字技能和信息素养仍然是重点任务。特别是能够自主开发数字资源和实施全程在线教学评估的教师比例还需进一步提高。北京市教委明确提出"将数字素养作为教师职业生涯的基本要求，推动校长、教师转变思想，提升利用数字技术优化、创新和变革教育教学活动的意识、能力和责任"。系统性的培训和持续的专业发展支持对于全面提升教师的数字教学能力至关重要。

（二）优质教学资源供给需要加强

尽管北京市已经建立了专业教学资源库体系，2023年确定了32个市级专业教学资源库，但在资源质量、更新频率、可访问性和多样性方面仍有提升空间。根据《北京市教育委员会关于公布2023年北京市职业教育专业教学资源库名单的通知》，各职业院校需要持续补充、更新和完善教学资源，确保高质量教学资源的持续更新和广泛分享，以满足学生多样化学习需求。

（三）虚拟仿真实训基地建设亟需深化

根据《北京市教育委员会关于公布北京市首批职业教育示范性虚拟仿真实训基地培育项目名单的通知》，北京市已确定18个首批示范性虚拟仿真实训基地培育项目。进一步拓展这些基地的数量和质量，优化应用方式，对于提高学生实践技能和就业竞争力非常关键。深化校企合作，将企业的最新技术和实践场景融入虚拟仿真实训中，是持续推进该项工作的重要策略。

（四）在线精品课程建设需要扩容提质

根据《北京市教育委员会关于开展2023年北京市职业教育在线精品课程

遴选建设工作的通知》，2023年北京市拟遴选立项100门左右市级在线精品课程。面向公共基础课和专业技能课的精品在线开放课程建设是推动职业教育教学内容和模式创新的重要手段。继续扩大优质在线课程的数量和种类，提升课程的互动性和学习体验，对于促进学生个性化发展和终身学习具有重要意义。

（五）技术融合应用有待深入

北京市职业教育在推动信息技术与教育教学深度融合方面已有一定基础，但如何进一步优化融合效果，提高信息技术应用的效率和效果，仍需持续探索。根据《北京教育信息化"十四五"规划》，要积极探索信息技术与教育教学的深度融合。特别是在个性化教学、学习评估、学情分析等方面，利用大数据、人工智能等新技术进行创新应用，是未来发展的关键方向。

通过针对上述领域的持续努力和改进，北京市职业教育数字化建设有望实现更高水平的发展，更好地满足社会和学生的需求。

第三节 首都职业教育数字化转型现状调查——学生视角

一、调查情况概述

（一）调查背景与目的

在全球经济与社会快速发展的当下，数字技术的创新与应用已成为推动社会进步的重要力量。特别是在教育领域，数字化转型已成为深化教育改革、提高教育质量、实现教育现代化的关键路径。习近平总书记对数字技术发展始终保持高度关注，自党的十八大以来，习近平总书记就数字中国、数字经济的发展作出了一系列重要指示和战略部署。尤其是在二十国集团领导人峰会及世界互联网大会乌镇峰会上的讲话，强调了数字技术对推动"非接触经济"、激发数字经济活力、优化数字社会环境的重要作用。

党的十九大报告、二十大报告进一步明确提出，要深度融合互联网、大数据、人工智能与实体经济，加快构建数字中国和智慧社会，推进教育数字化，建设学习型社会和学习型大国。2023年，国家对教育数字化工作的全面部署进一步加速，习近平总书记在中央政治局的集体学习中强调，教育数字化是开辟教育发展新赛道、塑造教育发展新优势的重要突破口，对于推动个性化学习、终身学习、扩大优质教育资源覆盖面和教育现代化具有重要意义。❶

在此背景下，本次调查聚焦首都地区职业院校学生，深入探讨职业教育在数字化转型过程中的实际情况和成效。调查内容覆盖学校类型与专业分布、数字化工具与平台的使用情况、学习方式偏好、数字化教学的评价与影响，以及学生在数字化学习过程中遇到的困难与压力等多个维度（见附录Ⅰ）。

通过系统收集和分析学生的真实反馈，旨在为首都及相关教育管理部门和职业院校提供具体的数据支持和建议，以便更有效地制定政策和策略，推动职业教育的数字化进程。通过聚焦学生这一主体群体的体验和反馈，期望揭示数字化教学在职业教育中的实际应用情况，从而促进教育质量的提升，助力首都乃至国家教育强国的建设目标。

（二）调查的主要对象和范围

调查对象为首都中职和高职院校学生，抽取了14所职业院校（高职7所、中职7所），覆盖了4所中国特色高水平高职学校和专业建设计划（"双高"）建设学校和北京市7所特色高水平（"特高"）职业院校，覆盖了18个专业大类。

（三）调查方法与样本描述

本次调查采用问卷调查方法，通过在线问卷的形式收集数据。本次问卷调查共回收问卷4880份，有效问卷4873份，有效问卷占99.86%。样本按性别分，男性占51.73%，女性占48.27%；按学校类型分，高职学生占

---

❶ 习近平. 加快建设教育强国为中华民族伟大复兴提供有力支撑［N］. 人民日报，2023-05-30(1).

43.85%，中职学生占 56.15%。

二、主要调查结果分析

（一）数字化工具与平台的使用

1. 常用的数字化工具或平台

调查显示，在首都职业教育学生中，多媒体教室设备、教学管理系统、电子书籍和在线课程平台被广泛采用，这不仅彰显了数字化技术与职业教育的紧密结合，也体现了教育信息化的显著成果。具体来看，65.73%的学生频繁利用多媒体教室设备，54.85%的学生依赖教学管理系统进行学习，而电子书籍和在线课程平台的使用率分别达到 45.82% 和 43.46%。这些数字化工具的普及不仅极大地丰富了教学手段和互动途径，提高了教学的效率和质量，同时也为学生提供了更丰富的学习资源，促进了学生自主学习能力的提升。

2. 学习中使用数字设备的时长

仅 10.68%的学生每天使用时间低于 1 小时，而 89.32%的学生每日使用时间在 1 小时以上，其中 1~3 小时占 33.72%，3~5 小时占 27.01%，超过 5 小时的达到 28.59%。这一数据不仅反映出数字设备已成为学生学习过程中不可或缺的工具，也表明随着教育方式数字化转型的深入，学生对数字设备的依赖和接受程度正在不断加深。这种趋势既展示了数字化教育资源在提高学习效率方面的潜力，也暗示了未来在提升数字教育资源质量和教学方法创新上的广阔发展空间。

这些发现提示教育管理者和教师需进一步优化数字化教学资源和工具，比如增加多媒体教室设备的互动性、提升教学管理系统的用户体验、丰富电子书籍和在线课程的内容质量等，以满足学生多样化的学习需求。同时，这也暗示着必须对学生的数字设备使用进行合理引导，以确保学生能够有效利用数字工具进行高效学习，而非过度沉迷于非学习相关的数字活动中。

（二）学习方式与学习资料形式的偏好

1. 学习方式的偏好

在首都职业教育学生中，学习方式的偏好反映了数字化转型在教育领域的深远影响。根据调查数据，38.25%的学生表示偏好在线学习，这一比例显著地高于24.73%的偏好传统面对面教学的学生。此外，25.49%的学生认为最佳的学习方式应依据学习内容而定，显示出学生对于学习方式的灵活态度。另有11.53%的学生表示难以明确选择。这一发现揭示了一个重要趋势：随着数字化资源的丰富和在线学习平台的发展，学生越来越倾向于采用更为灵活、自主的在线学习方式，这种方式能够让他们根据自身的学习习惯和时间安排来调整学习节奏，从而提高学习效率。

2. 学习资料形式的偏好

关于学习资料形式的偏好，调查数据显示，70.72%的学生更倾向于使用数字化资料。相比之下，仅有29.28%的学生偏好传统的纸质资料。这一比例反映了数字化学习资源在职业教育学生中的广泛接受度，同时也表明数字化资源已成为学生获取知识的主要渠道。数字化学习资料的便利性、易获取性和互动性是其受到广泛欢迎的主要原因，特别是在迅速变化的职业教育领域，最新的行业知识和技能往往通过数字化平台更快地传播和更新。

这些调查结果对于教育政策制定者和学校管理者具有重要的启示。首先，教育机构需要继续投资于在线学习平台和数字化学习资源的建设，确保学生能够接触到高质量和最新的学习材料。其次，学校应当鼓励和培训教师利用数字化工具和资源来创新教学方法，以适应学生多样化的学习方式偏好。最后，教育政策应更加关注学生的学习方式选择和资料形式偏好，通过灵活的教学策略和丰富的教学资源来满足不同学生的学习需求，从而促进学生的全面发展和终身学习能力的培养。随着数字化教育的不断推进，首都职业教育的数字化转型不仅是一场技术革新，更是对教育理念和方法的深刻变革。通过对学生学习方式偏好的深入分析，可以更好地把握教育数字化的发展方向，为实现高质量的职业教育提供坚实的支撑。

(三）数字化教学的评价与影响

1. 对学校数字化教学现状的评价

根据调查结果，46.52%的学生认为他们所在学校的数字化教学现状"很好"，33.51%的学生给出了"好"的评价。这表明大部分学生对于当前学校数字化教学的实施和效果持积极态度。这种积极的反馈反映出首都职业教育在数字化转型方面已取得了显著进展，学校通过引入多媒体教学设备、在线学习平台和教学管理系统等现代教育技术，有效地提高了教学质量和学习效率。

2. 数字化教学对学习效率和学习兴趣的影响

调查显示，44.57%的学生认为数字化教学"明显提高"了学习效率，44.39%的学生感受到了"有一定提高"，表明绝大多数学生认同数字化教学在提高学习效率方面的积极作用。此外，78.02%的学生表示数字化教学提高了他们的学习兴趣。这些数据凸显了数字化教学在激发学生学习热情、增强学习动力方面的重要价值，通过丰富的视觉和互动体验，让学习过程变得更加生动和吸引人。

3. 数字化教学对学习成绩的影响认知

调查结果还表明，78.41%的学生相信数字化教学有助于提高学习成绩。这一认知从侧面证明了数字化教学不仅能够提升学生的学习效率和学习兴趣，而且在提高学生学业成绩方面也发挥了积极作用。数字化资源的丰富性和易获取性，加上教学方法的创新，为学生提供了更加个性化和高效的学习路径。

4. 面对面交流与互动的缺失感受

调查也揭示了数字化教学过程中存在的问题，其中48.43%的学生认为在数字化教学环境下缺少了与老师和同学的面对面交流和互动。这一反馈提示教育者在推进数字化教学的同时，还需要注意保留和增强传统教学中的人际互动，通过线上线下相结合的混合教学模式，弥补数字化教学可能带来的交流不足。

这些调查结果为首都职业教育的数字化转型提供了重要的数据支撑。一方面，数字化教学在提高学习效率、兴趣以及学业成绩方面的积极效果得到了广泛认可；另一方面，面对面交流的缺失也提醒教育者在推进数字化教学的同时，需要平衡技术应用与人际交往的关系，确保学生能够在数字化学习环境中也享受到充分的社会互动和情感联结。未来的教育实践和政策制定中，如何优化数字化教学资源，创新教学方法，同时保持教育的人文关怀，将是职业教育数字化转型过程中的关键考量。

(四) 遇到的困难与压力

1. 在数字化学习过程中遇到的困难

首都职业教育学生在数字化学习过程中遇到的两大主要困难是技术设备问题（50.52%）和网络不稳定（60%）。这些问题直接影响了学习的连续性和效率，凸显了基础设施在教育数字化转型中的重要性。技术设备的问题可能包括硬件故障、软件兼容性等，而网络不稳定则可能导致学习资源的访问中断、在线课堂的中断等，这些都严重影响了学生的学习体验和成效。此外，39.3%的学生表示对数字化工具的不熟悉是他们面临的另一个困难，这反映出在数字技能培训方面还有待提高。

2. 数字化教学增加的学习压力感受

调查还发现，24.63%的学生认为数字化教学增加了他们的学习压力。这种压力可能来源于多方面，包括对新技术的适应过程、在线学习的自我管理要求更高、数字化作业和评估的增加等。对于一部分学生来说，尽管数字化教学提供了更多的学习资源和便利，但同时也对他们的学习习惯、时间管理能力以及技术设备使用能力提出了更高的要求。

这些发现指出了教育数字化转型过程中的几个关键挑战。首先，学校和教育部门需要进一步加大对基础设施建设的投资，特别是在提升网络稳定性和更新技术设备方面。其次，为了减轻学生的学习压力，学校可以通过提供更多的技术支持服务、开展数字技能培训、优化在线学习内容和教学设计等措施来帮助学生更好地适应数字化学习。此外，教育者也需要关注学生的心理健康，建立有效的沟通渠道和支持系统，帮助学生有效管理学习压力，确保数字化教学的转型能够真正促进学生全面健康发展。

虽然数字化教学为职业教育带来了诸多机遇,但在实践过程中也暴露出一系列挑战和困难。只有通过不断优化教学资源、加强技术支持、提升学生的数字技能、关注学生的心理健康,才能确保数字化转型过程中既提高了教学效果,又维护了学生的学习积极性和健康。

(五) 数字化学习对未来职业发展的影响认知

在当前职业教育的数字化转型背景下,首都职业教育学生对于数字化学习与未来职业发展之间的联系表现出了明确的认识。调查数据显示,85.53%的学生认为数字化学习对他们未来的职业发展有帮助。这一比例反映出学生普遍认同数字技能对于未来职场的重要性,并认识到通过数字化学习掌握这些技能对于他们的职业生涯具有积极影响。

这一发现强调了几个关键点。首先,随着数字技术在各行各业的广泛应用,对于具备数字技能的人才需求日益增加。学生对此有着清晰的认识,他们意识到,无论是技术相关领域还是非技术领域,数字技能都将成为他们职业发展中不可或缺的一部分。其次,这种认知还体现了学生对于教育与职业发展之间联系的深刻理解,他们认为通过职业教育中的数字化学习,能够为未来的工作生活做好准备。此外,学生对数字化学习与未来职业发展的积极评价,也反映了对当前职业教育数字化转型进程的肯定。他们期望通过学习,能够掌握解决实际工作问题所需的数字技术和方法,从而在竞争激烈的职场中脱颖而出。

鉴于学生对数字化学习在职业发展中重要性的高度认可,职业院校需要进一步强化数字技能的培训,确保学生能够掌握最新的数字技术和应用。同时,教育政策制定者应考虑将数字技能培训纳入职业教育的核心课程之中,为学生提供更多实践和应用数字技术的机会。此外,还需要加强与行业的合作,确保教育内容与职业市场的需求紧密对接,从而使学生毕业后能够更好地适应职场,推动个人职业发展和社会经济发展的良性循环。

（六）改进建议与支持需求

1. 学校对数字化教学改进的需求

根据调查结果，首都职业教育学生对于学校数字化教学改进提出了具体需求。其中，46.21%的学生指出需要提升学习资源的质量与多样性，28.44%的学生希望改善学习平台的稳定性与用户体验，而9.23%的学生反馈强调提高教师的数字化教学能力。这些需求反映了学生对于更高质量数字教育体验的期待，包括获取丰富多样、高质量的学习材料，享受稳定且友好的在线学习环境，以及接受具备高度数字化教学技能教师的指导。

2. 希望提供的支持和服务

学生对于学校在数字化学习方面的支持和服务有明确的期望。74.62%的学生希望学校能提供更多的数字化学习资源，57.81%的学生期待改善技术设备和网络环境，45.56%的学生认为需要加强对数字化学习工具的培训。这些数据揭示了学生在数字化学习过程中遇到的实际问题，以及他们对于优化学习条件的迫切需求。

这些改进建议和支持需求提示教育管理部门和学校需要从多个角度入手，全面提升数字化教学的质量和效果。

（1）提升学习资源的质量与多样性。开发和整合高质量的数字化学习资源，包括最新的行业知识、技能培训材料和互动式学习工具，以满足学生多元化的学习需求。

（2）改善学习平台的稳定性与用户体验。优化在线学习平台的技术性能，确保稳定访问，同时提升界面友好度和互动性，提高学生的使用满意度。

（3）提高教师的数字化教学能力。加强教师在数字技术应用、在线教学方法和学生远程辅导等方面的培训和发展，以便更有效地支持学生的数字化学习。

（4）加强对数字化工具的培训。为学生提供更多关于如何有效利用数字化工具进行学习的指导和培训，提高他们的数字素养。

（5）改善技术设备和网络环境。加大对教学硬件和校园网络基础设施的投资力度，确保学生能够无障碍地接入和使用数字化学习资源。

综合来看，学生的反馈和需求表明教育数字化转型不仅需要技术上的提升和更新，更需要关注教育资源的质量、教师的培训以及学习环境的优化。只有通过综合施策，才能更好地满足学生的学习需求，推动职业教育数字化转型的成功实施，进而促进学生能力的全面发展。

三、结论与对策建议

（一）调查发现的主要趋势和问题

本次对首都职业教育数字化转型现状的学生调查显示了几个关键趋势和面临的挑战。

首先，调查显示，数字化工具和平台已被广泛应用于职业教育领域，其中多媒体教室设备、教学管理系统、电子书籍和在线课程平台的使用率颇高。这反映出数字化技术与职业教育的紧密结合，也指出教育信息化建设已取得初步成效。特别是，65.73%的学生频繁利用多媒体教室设备，54.85%的学生依赖教学管理系统进行学习，显示出数字化学习环境在提升教学效率和质量方面的潜力。

其次，学生对于学习方式的偏好呈现出多样化趋势。38.25%的学生偏好在线学习，表明随着数字化资源和在线平台的发展，学生越来越倾向于采用灵活、自主的在线学习方式。此外，70.72%的学生更倾向于使用数字化学习资料，进一步说明数字化学习资源已成为学生获取知识的主要方式。

然而，调查也发现了几个主要问题：一是技术设备问题和网络不稳定问题普遍存在，分别有50.52%和60%的学生反映这两个问题，这直接影响了学生的学习连续性和效率；二是数字化教学虽然带来了学习效率和兴趣的提升，但也给一部分学生带来了学习压力，24.63%的学生感受到了由此产生的压力；三是尽管数字化教学被普遍认为对提升学习效率和学习兴趣有积极影响，但近半数学生（48.43%）感到缺少了与教师的面对面交流以及与同学之间的互动。

(二) 对策建议

1. 加强基础设施建设与维护

提高网络覆盖率和网络接入速度，在学校的每个角落都提供高速可靠的网络连接，确保无论学生在校园的哪个位置都能顺畅访问在线资源；定期更新和维护设备，建立定期的技术审查和更新计划，确保所有数字化学习设备都处于最佳状态，避免因技术故障影响教学和学习。

2. 优化数字化学习资源

增强资源的互动性和参与感，开发包含模拟实验、虚拟现实（VR）和增强现实（AR）等元素的学习资源，提高学生的学习参与度和体验；促进开源资源的共享和利用，鼓励教师和学生利用和贡献开源教育资源，形成互帮互助的学习社区。

3. 提升教师的数字教学能力

实施定制化培训，根据教师的技能水平和需求设计培训课程，从基础的数字工具使用到高级的在线课程设计和学生在线辅导等，全面提升教师的数字化教学能力；建立教师学习社区，鼓励教师之间的知识分享和经验交流，通过工作坊、研讨会等形式，创建支持性强的教师学习社区。

4. 关注学生的心理健康

提供专业的心理健康服务，设立心理咨询中心，配备专业的心理咨询师，为学生提供"一对一"的心理咨询服务；开展心理健康教育，通过课程、讲座和工作坊等形式，增强学生的心理健康意识，教授应对学习压力的策略。

5. 促进师生互动

利用数字平台增加互动机会，通过论坛、问答、即时反馈等功能，增加师生间的互动频率，即使在非面对面的情况下也能保持良好的沟通；设计互动式学习任务，将小组讨论、项目合作等互动性学习活动融入课程设计中，促进学生之间的合作和交流。

6. 灵活调整教育政策与教学策略

持续评估和优化教学实践，建立反馈机制，定期评估数字化教学的效果，根据学生和教师的反馈调整教育政策和教学策略；鼓励创新和实验，为教师和学校提供支持和资源，鼓励他们在数字化教学和学习方面进行创新和实验，不断寻找最适合学生的教学方法。

通过上述对策建议的实施，期望首都职业教育的数字化转型能够更有效地促进教育质量的提升和学生全面发展，为学生未来的职业生涯奠定坚实的基础，为实现首都教育现代化和构建学习型社会作出贡献。

第四节 首都职业教育数字化转型现状调查——教师视角

一、调查情况概述

（一）调查背景与目的

随着数字经济的兴起和全球信息技术的迅猛发展，数字化转型已经成为各行各业，特别是教育行业革新和进步的关键驱动力。国家对教育数字化的重视程度不断提升，特别是在习近平总书记多次强调利用数字技术推动教育创新和改革的背景下，教育数字化转型被赋予了新的历史使命。根据最新政策文件精神，将数字化融入教育体系，不仅能够优化教育资源配置，促进教育公平，还将极大地提高教育质量和效率，加快构建学习型社会的步伐。

本次调查从首都职业教育教师的视角出发，旨在深入了解数字化转型在职业教育领域的应用现状、面临的挑战以及未来的发展趋势。通过对教师在数字化工具使用、教学模式的变革、遇到的挑战和需求，以及对未来技术应用的期待进行综合调查，本研究希望为教育管理部门提供实证基础，为他们制定更为精准有效的教育政策和策略提供依据，推进职业教育质量的整体提升，响应国家教育数字化转型的战略要求（见附录Ⅱ）。

（二）调查的主要对象和范围

本次调查对象为首都中职和高职院校教师，抽取了14所职业院校（高职7

所、中职7所），覆盖了4所"双高"建设学校和北京市7所"特高"职业院校，其中专业课教师覆盖了16个专业大类，其中电子信息大类（17.04%）、财经商贸大类（17.94%）和教育与体育大类（11.43%）为三个占比最高的专业大类。通过对不同类型院校、不同专业背景的教师进行调查，旨在全面把握首都职业教育数字化转型的现状和特点。

（三）调查方法与样本描述

本次调查采用问卷调查方法，通过在线问卷的形式收集数据。此次调查共收回458份问卷，其中有效问卷为446份，占回收总数的97.38%。446名教师中，高职院校的教师占69.96%，中职院校的教师占30.04%。

从调查对象的年龄分布来看，41—45岁年龄段的教师比例最高，为21.46%，紧随其后的是26—30岁和46—50岁年龄段，分别占21.00%和17.35%。整体来看，31—50岁的中年教师构成了调查群体的主体，显示出该年龄段教师在教育系统中的重要地位。

在学历方面，51.12%的教师拥有硕士研究生学历，33.63%的教师拥有本科学历。这一数据反映了参与调查的教师普遍具有较高的教育背景。

在职称分布上，中级职称和副高级职称的教师总共占82.74%，说明大多数教师处于职业生涯的中高级阶段。教龄方面，21年及以上教龄的教师占比最高，达到31.61%，表明有相当比例的教师具有丰富的教学经验。

通过这些基本信息的分析，可以看出，参与抽样调查的职业教育教师群体，年龄多集中在中年段，教育背景较高，职称结构以中高级职称为主，且具有相对丰富的教学经验。

二、主要调查结果分析

（一）教学实践与数字化工具使用

教学实践与数字化工具使用情况，可以揭示教师日常教学中对多种数字工具和平台的依赖程度以及数字化教学的普及情况。调查结果显示，多媒体教室设备以93.27%的高比例位居首位，表明传统的多媒体教学依然是数字化教学的基础设施。其次是教学管理系统，使用比例为64.80%。在线课程平台（如MOOC）位居第三，使用比例为63.23%。这些数据表明，除了传统的多媒体教室设备，网络平台和管理系统也成为教师日常教学中不可或缺的工具，反映出教育技术的发展和应用正变得越来越多样化和深入。

针对在课堂上实施数字化教学的频率多少的问题，调查结果表明，有高达69.96%的教师表示每节课都使用数字化教学，这一数据强调了数字化工具在教学过程中的普遍应用和重要性。此外，每周至少一次使用数字化教学的教师比例为13.23%，偶尔使用的比例为5.61%，几乎没有教师表示从不使用。这进一步验证了数字化教学方式已成为当前职业教育的主流。

（二）数字化转型对教学的影响

在数字化转型对教学的影响调查中，63%的教师认为数字化转型显著改变了他们的教学模式（方式），33.18%的教师表示有一定影响但变化不大，仅有极少数教师认为影响较小或没有影响。这说明大多数教师感受到了数字化转型对教学方式的深刻影响，表明数字化转型不仅是工具和平台的变更，更是教学理念和方法的革新。

针对数字化转型对教学质量的作用以及是否增强了与学生之间的互动的问题，42.83%的教师认为数字化转型对提高教学质量的作用非常大，36.77%的教师认为作用较大，65.25%的教师确认数字化转型增强了与学生之间的互动。这些数据一方面显示了教师对于数字化教学质量提升效果的肯定，另一方面也突出了数字化教学在促进师生互动方面的优势。

此外，36.1%的教师认为数字化教学显著提高了学生的学习兴趣，51.79%的教师认为有一定提高。这一结果表明，绝大多数教师认为数字技术的使用有效地提高了学生的学习兴趣和参与度，这可能是因为数字化教学能提供更多互动性和趣味性，从而激发学生的学习热情。

调查结果表明，数字化转型在教学模式、教学质量、师生互动以及学生学习兴趣和参与度等方面均产生了显著的积极影响，这揭示了数字化转型在职业教育领域内的深远意义和潜在价值。

（三）课程资源开发、使用情况、满意度及对教师评价体系的看法

调查结果揭示了首都职业教育教师对数字化课程资源的开发参与度、资源使用的主要来源，以及对学校数字化教学资源丰富程度的满意度。在参与数字化课程资源开发的问题上，72.65%的教师表示他们参与过，这表明大多数教师不仅在数字化教学中扮演着使用者的角色，也积极参与到资源的创造和更新中，显示了教师群体对推动教育数字化转型的积极贡献。

关于数字化资源的主要来源，调查数据显示，教师主要利用公开在线资源（40.81%），其次是学校提供的资源（27.58%）和自行开发的资源（25.34%）。这种多元化的资源来源路径既体现了教师利用现有资源的便利性，也反映了他们在追求教学个性化和专业化方面的努力。不过，行业企业合作伙伴提供的资源使用比例较低（5.16%），指向了校企合作在教学资源开发和共享方面的潜力尚未充分利用。

在评价学校数字化教学资源丰富程度的问题上，37.67%的教师认为资源非常丰富，50.22%的教师认为资源较为丰富，但仍有提升空间。这表明虽然大多数教师对学校提供的数字化教学资源持肯定态度，但仍有一定比例的教师希望学校能够在这一领域做得更好，特别是在资源的多样性和专业性方面。

调查显示，57.62%的教师支持将数字化教学作为评价教师工作的一部分，这反映了教师群体普遍认识到数字化教学对提高教育质量的重要性，并愿意在其职业发展中加以重视和发展。这一态度不仅有助于提升教师个人的数字化教学能力，也为提高整个教育系统的数字化水平和教育质量提供了动力。

结合这些调查数据，我们可以得出结论：首都职业教育的数字化课程资源开发和使用情况显现出良好发展态势。教师在这一过程中扮演了重要角色。然而，为了进一步提升数字化教学资源的质量和覆盖范围，建议加强校企合作，开发更多与行业相关的教学资源；提高教师在数字化资源开发方面的培训和支持；鼓励教师之间以及跨学科的资源共享和协作，充分发挥数字化教学资源在提高教学质量和学生学习效果中的潜力。

(四) 教师对数字化教学的看法

针对教师在数字化教学中需要哪些关键能力的问题，调查结果显示，信息技术应用能力（84.08%）、在线课程设计与开发（69.73%）、学生在线学习管理（63.9%）、数字资源的评估与选择（54.93%）和教学策略的创新与应用（62.11%）是被广泛认可的教师在数字化教学中需要具备的关键能力。这些数据反映了教师普遍认识到在数字化教学环境下，除了传统教学技能，还需要掌握新的技术和方法。

针对如何评价自己的数字素养水平的问题，17.04%的教师认为自己的数字技能非常熟练，52.47%的教师认为自己比较熟练，27.8%的教师认为自己的水平一般，仅有少数教师认为自己不太熟练或完全不熟练。这说明大多数教师对自己的数字素养水平持肯定态度，同时也有一定比例的教师对提高自身的数字技能持开放态度。

此外，数据显示，有43.5%的教师参加过几次培训，23.54%的教师定期接受培训，而从未参加过任何形式培训的教师仅占4.04%，偶尔参加但次数非常少的教师占22.2%。这一结果揭示了大多数教师有接受过相关培训的经历，但培训的频率和深度可能存在差异。

通过调查数据分析，教师对数字化教学的看法反映出一种平衡态度，既有对当前技能和知识的自信，也有对进一步提升和专业培训的明确需求。这表明在推进数字化教学过程中，不仅要注重技术的推广和应用，还需关注教师能力的持续提升和支持。

(五) 面临的挑战和未来支持需求

针对数字化转型过程中遇到的最大挑战，调查结果显示，技术设备的不足或过时（25.78%）、缺乏有效的教师培训和支持（10.99%）、难以管理和整合大量的数字化资源（20.63%）被认为是数字化转型过程中的主要挑战。此外，保持教学质量的同时进行教学模式的创新被30.72%的教师视为一个重大挑战。这表明，虽然数字化转型带来了教学模式的创新和教育质量的提升机会，但同时也伴随着一系列实际操作和资源配置上的挑战。

对学校在数字化教学转型中应该提供哪些支持的问题，教师期望学校能够提供更丰富的数字化资源（69.96%）、更好的硬件设施（62.78%）、更有效的技术支持服务（59.87%）和更多的技术培训（51.12%）。这些需求反映了教师在面对数字化教学转型时，对于资源、设备、服务与培训的全面需求。

针对目前学校提供的教师数字技能培训是否满意的问题，31.39%的教师表示非常满意，45.29%的教师表示比较满意，20.85%的教师认为一般，不太满意和完全不满意的比例较低。这一结果说明，虽然绝大多数教师对学校提供的数字技能培训作出了正面的评价，但还存在一定比例的教师认为这些培训的效果一般，提示培训内容和方法可能需要进一步优化和个性化调整。

技术设备不足、缺乏有效培训、难以管理和整合资源等是数字化转型过程中的主要挑战，特别是在保持教学质量的同时进行教学模式创新的挑战更为突出。教师对于技术培训、硬件设施、数字资源和技术支持服务的需求明确，说明在数字化转型过程中，全方位的支持是促进教师有效教学的关键。教师在数字化转型过程中面临的挑战以及对未来支持的期待揭示了当前职业教育数字化转型的关键痛点和改进方向，为教育管理者和政策制定者提供了宝贵的信息和指导。

（六）对未来数字化教学的预期

对未来数字化教学的预期调查主要是想展示教师对未来数字化教学发展趋势的看法，特别是对个性化学习路径、VR/AR应用、数据分析与学习跟踪能力的预期。

针对未来数字化教学的发展趋势，教师普遍认为其首先将朝向更多的个性化学习路径（81.84%）发展；其次是更强的数据分析和学习跟踪能力（69.73%），以及更多的线上与线下结合的教学模式（66.37%）。此外，更广泛的虚拟现实（VR）和增强现实（AR）应用（60.99%）和更多的跨国与跨文化教学合作（35.65%）也被视为重要方向。

这些数据反映了教师对数字化教学未来发展的高度期待和积极态度，尤其是在提高个性化学习、利用新技术提升教学互动和体验，以及通过数据分析优化教学效果方面。大多数教师认为，这些技术和方法的发展将进一步提升教育质量，特别是在满足学生多样化学习需求、提高学习效率和促进学生全面发展方面。

三、结论与政策建议

（一）结论

调查结果表明，数字化教学在首都职业教育领域已成为一种普及且重要的教学手段。93.27%的教师使用多媒体教室设备，显示传统多媒体仍然是教学的基础，而63.23%的教师利用在线课程平台和64.8%的教师使用教学管理系统，证明了数字工具和平台的多样化使用。此外，近70%的教师每节课都实施数字化教学，这进一步印证了数字化教学的普及程度。

数字化转型对教学模式产生了显著影响，63%的教师认为其显著改变了他们的教学方式。同时，数字化转型不仅提升了教学质量，还增强了师生间的互动，并显著提高了学生的学习兴趣和参与度。

教师普遍认为，在数字化教学环境下，除了传统的教学技能，还需要掌握新的技术和方法，如信息技术应用能力、在线课程设计与开发等。尽管大多数教师对其数字素养水平持正面评价，但仍有明显的培训需求，尤其是在新技术和教学策略的应用上。

面对数字化转型中的挑战，如技术设备的不足、缺乏有效的教师培训等，教师期待学校能够提供更全面的支持，包括技术培训、硬件设施、数字资源和技术支持服务。

教师对未来数字化教学的发展趋势充满期待，普遍认为教学将朝着更加个性化的学习路径、虚拟现实（VR）和增强现实（AR）技术的广泛应用，以及更加精细的数据分析和学习跟踪功能等方向推进。

（二）政策建议

1. 增强技术支持和基础设施建设

为了克服技术设备不足的挑战，建议学校和政府部门不仅要加大对先进教学技术和基础设施的投资，特别是针对多媒体教室设备和网络基础设施，还应确保这些技术的可持续更新和维护。此外，建议探索采用云计算技术，以提供更灵活和可扩展的教学资源和工具，同时减少学校在物理设施上的投资负担。

2. 加强教师数字技能培训

考虑到教师对提高数字技能的明确需求，建议不仅要定期举办培训工作坊和研讨会，还应建立一个持续的专业发展计划，包括在线学习资源、同行学习小组和专家辅导等。这些培训项目应当结合实际教学案例，便于教师将新技能应用于实践。同时，应鼓励教师获得相应的数字技能认证，以作为职业发展的一部分。

3. 促进数字资源的开发和共享

鼓励教师参与数字化教学资源的开发是提升教学质量的关键，建议为教师提供必要的技术和财政支持。利用国家智慧教育公共服务平台的资源库，鼓励教师创新教学资源。此外，通过完善的资源共享机制和奖励政策，可以鼓励教师分享和利用全国优质资源，提高教学质量。定期举办的专业培训应聚焦于提升教师利用智慧职业教育平台的技能，确保教师能够有效整合和应用这些资源。这些措施不仅旨在增强教师的数字化教学能力，还有利于教育资源的有效利用和职业教育质量的整体提升。

4. 支持创新教学模式的探索

为了支持教师在个性化学习、混合式教学、VR/AR 技术应用等领域的创新实践，建议学校和教育管理部门提供创新基金，支持教师开展试点项目和研究。同时，建立一个平台，以便教师分享他们的创新经验和实践结果，促进校内外的知识交流和合作。此外，应鼓励与行业合作伙伴建立合作，引入实践中的问题和案例，使教学内容更加贴近实际。

5. 强化数据分析能力的培养

数据分析是提升教学质量和学生学习成效的关键工具，建议引入专业的数据分析工具，并提供相应的培训和支持，帮助教师掌握如何有效地收集、分析和利用教学数据。此外，建议建立一个校内数据分析团队，为教师提供技术支持和咨询服务，确保数据分析工作的质量和效率。通过数据分析，教师可以更好地了解学生的学习需求和学习进度，及时调整教学策略，实现真正的个性化教学。

这些政策建议，旨在解决首都职业院校教师在数字化教学转型过程中面临的挑战，满足他们的需求，同时引导和支持教育技术的创新和发展，最终提升职业教育的整体教学质量和效果。

第五节 首都职业教育数字化转型现状调查——教学管理者视角

一、调查情况概述

（一）调查背景与目的

随着信息技术的迅速发展和教育领域的不断革新，数字化转型已经成为职业教育发展的重要趋势。本次调查旨在深入了解首都地区职业教育在数字化转型过程中的现状，以及教学管理者对于这一转型的认知、态度和需求。通过此次调查，我们期望能够掌握数字化教学资源的覆盖情况、教师对数字化教学工具的接受程度、数字化教学平台的稳定性和可靠性，以及学校在数字化转型过程中面临的挑战和需求。这将有助于我们为首都职业教育的数字化转型提供科学的决策支持，推动教育信息化的深入发展，提高教育质量和效率（见附录Ⅲ）。

（二）调查的主要对象和范围

本次抽样调查的主要对象为首都地区的职业教育教学管理者，包括教学副校长、教务（督导）主任等。调查范围涵盖了不同类型的职业学校，如"双高计划"学校、北京市"特高"学校以及其他类型的职业学校。调查样本覆盖了不同规模的学校，从1000~2000人的中型学校到5000人以上的大型学校均有涉及，以确保调查结果的代表性。

(三) 调查方法与样本描述

本次调查采用问卷调查方法,通过在线问卷的形式收集数据。本次调查共回收问卷 10 份,有效问卷 10 份。

从职务分布来看,教学副校长占 30%,教务(督导)主任占 70%;从学历分布上看,硕士研究生占 80%,博士研究生占 10%,表明北京市职业院校的教学管理者普遍具有较高的学历水平;从工作年限分布看,有 70% 的教学管理者拥有 21 年及以上的工作经验,这表明在北京市职业院校的管理层中,经验丰富的管理者占据了绝大多数。10 所学校中,高职有 5 所,其中国家"双高计划"建设学校 4 所;5 所中职中,北京市"特高"学校有 3 所。

二、主要调查结果分析

(一) 数字化教学资源与应用

1. 数字化教学资源的覆盖率与满足教学需求的程度

调查结果表明,50% 的教学管理者认为学校的数字化教学资源覆盖率在 90% 以上,70% 的管理者认为现有的数字化资源能基本满足教学需求,20% 的管理者认为能完全满足需求。这些数据表明,首都地区的职业院校在数字化教学资源方面已经具备了较高的覆盖率,并且这些资源在很大程度上能满足当前的教学需求。数字化资源的高覆盖率是教育数字化转型成功的重要基础,能够为师生提供丰富的学习材料和工具,促进学习效率的提高。

2. 数字化平台的稳定性和可靠性

关于数字化平台的稳定性和可靠性,50% 的教学管理者认为较好,40% 的管理者认为非常好。这反映出大多数学校的数字化教学平台能够提供稳定可靠的服务,这对于保障教学活动的顺利进行至关重要。

3. 教师对数字化教学工具的态度

从教师对数字化教学工具的态度来看,60% 的管理者认为教师持积极态度,40% 的管理者认为教师持非常积极的态度。这说明绝大多数教师对于采用数字化教学工具持开放和支持的态度,愿意探索和利用这些工具来提高教学质量。教师的这种积极态度是推动教育数字化转型的关键因素，有助于促进新教学方法和技术的广泛应用。

基于上述分析，可以得出结论：首都职业教育在数字化教学资源及其应用方面已取得显著进展。为了进一步优化数字化教学的实施效果，建议学校继续扩大数字化资源的覆盖范围，特别是在特定专业或新兴技术领域；保持和提升教学平台的稳定性和可靠性；进一步鼓励和培训教师，提高他们使用数字化教学工具的能力和效率。

此外，学校应积极倾听教师和学生的反馈，不断优化数字化教学资源的质量和应用方式，以满足教师教学和学生学习的实际需求。

（二）数字化教学投入与支持

1. 专门的团队或部门负责

从调查数据中可见，60%的学校已建立专门的团队或部门负责数字化教学内容的开发和维护，且展示出良好的运作效率。这表明大多数首都地区职业院校已认识到专门机构在推动数字化转型中的重要作用，并投入相应资源以支持其运作。这种组织结构的建立有利于集中力量发展和更新教学资源，提高教育质量。

2. 年度投入占学校总预算的比例

关于年度投入，50%的管理者表示学校在教育教学数字化转型上的年度投入占学校总预算的比例在10%以下，30%的管理者表示这一比例在30%以上。这一数据显示学校在经济投入上存在差异，部分学校能够提供较高比例的预算支持数字化教学的发展，而另一些学校的投入比例相对较低。

3. 面临的财政挑战

在财政挑战方面，40%的管理者认为持续的运营成本是学校面临的最大财政挑战，50%的管理者指出更新和升级费用是主要挑战，此外还有10%的管理者提及网络安全、技术支持或师资培训等其他财政压力。这些挑战揭示了在持续推进数字化转型过程中，学校需要不断投入资源以维护和更新设备与系统，这对学校的财政构成了压力。

4. 教师数字化教学培训的充分性

调查结果显示，70%的管理者认为学校为教师提供的数字化教学培训是基本充分的，20%的管理者认为非常充分。这表明大多数学校已经在教师培训方面作出了努力，以确保教师能够有效利用数字工具和资源进行教学。然而，仍有10%的管理者感觉培训不够充分，指出了培训质量和覆盖面还有提升空间。

首都职业教育在数字化教学投入与支持方面已展现出积极成果，显著表现在建立专门团队维护教学内容、不同程度的经济投入以及为教师提供相对充分的数字化培训上。然而，面临财政挑战和培训不足之处仍需关注。为进一步推动教育数字化转型，建议增加对数字化教学的财政支持，特别是在维持运营和技术更新方面，以保障资源的持续发展。同时，应加强对教师的数字技能培训，确保每位教师都能熟练应用数字化教学工具，提高教学效果。

此外，对负责数字化教学的团队或部门进行定期评估和优化，以提升其效率和响应能力，确保数字化教学资源的高效开发和利用。通过这些综合措施，可以有效促进首都职业教育的数字化进程，提升教育质量和管理水平。

(三) 数字化教学的发展与创新

1. 数字化教学作为改革的重点方向

根据调查数据，80%的教学管理者表示数字化教学已成为学校教育教学改革的重点方向，并且取得了显著成效。这一数据反映出首都地区的职业院校普遍将数字化教学视为推动教育创新和提高教学质量的关键路径，且在实践中已经开始见到积极的成果。

2. 计划增强或引入的数字技术应用

调查显示，教学管理者普遍支持引入新的数字技术应用以促进教学创新，其中人工智能、虚拟现实/增强现实和大数据分析等技术得到了特别关注。90%的管理者计划增强或引入虚拟现实/增强现实和大数据分析技术，这说明学校在追求教学创新方面具有较高的技术采纳率，旨在通过这些先进技术提升教学互动性和学习效率。

3. 校企合作开发数字化教学资源

校企合作方面，100%的管理者表示已经有企业参与到数字化教学资源的开发中，主要提供技术平台和工具以及行业专业知识和资源。这种广泛的校企合作模式不仅丰富了教学内容，还使教育更紧密地与行业需求对接，提升了学生的就业竞争力。

首都职业教育在数字化教学的发展与创新方面表现出明显的积极趋势，尤其体现在将数字化教学确定为改革重点、积极采纳和计划引入新技术（如虚拟现实/增强现实、大数据分析），以及通过校企合作丰富和实用化教学资源等方面。这些措施不仅加强了教学内容与行业需求的紧密结合，提高了学生的学习效率和就业竞争力，也为教学方法和策略的创新提供了支撑。

为了进一步推进这一进程，建议学校继续关注和引入新兴技术，深化与企业的合作关系，鼓励教学创新实践，同时提供必要的技术和财政支持。这样，首都职业教育才能更好地满足教育改革的要求，为学生提供更加丰富和实用的学习资源，促进其全面发展。

（四）学习数据分析与专业建设的挑战

1. 学习数据的收集与分析

60%的教学管理者表示学校定期进行学习数据的收集和分析，以不断优化教学。这表明大多数学校已经认识到学习数据分析在教学改进中的重要性，并积极采取措施来实现这一目标。通过收集和分析学习数据，学校能够更深入地了解学生的学习行为、成绩变化和需求，从而有针对性地调整教学策略和内容，提升教学效果。

2. 专业建设与课程开发的挑战

70%的教学管理者指出教师数字化教学能力不足是面临的主要挑战，80%的管理者提到缺乏有效的评估与反馈机制。这些短板影响了数字化教学的深度实施和课程内容的持续优化。教师的数字化教学能力直接关系到数字化教学的质量和效率，而有效的评估与反馈机制则是确保教学与学习相适应、不断改进的关键。

3. 应对挑战的策略

针对专业建设与课程开发的挑战，90%的管理者认为加强与企业的合作、提升教师的数字应用技能培训以及更新教学设施与资源是必要的对策。通过与企业合作，学校可以引入最新的行业知识和技术，使课程内容更加贴合市场需求。同时，加强教师的数字应用技能培训和更新教学资源能够有效提升教师的数字化教学能力，促进教学方法和内容的创新。

结合调查数据可以看出，首都职业教育在利用学习数据分析优化教学和课程方面已取得初步成效，但仍需面对教师数字化教学能力不足和缺乏有效评估与反馈机制的挑战。为了进一步提升课程质量和教学效果，建议学校加大对学习数据分析的投入，建立更完善的评估与反馈机制；同时，通过加强与企业的合作，不断更新教学资源，并且重视教师的数字化应用技能培训，确保教师能够有效应用数字技术于教学中。这样不仅能够优化课程内容，更能够提高教学的适应性和创新性，为学生提供高质量的职业教育。

（五）数字化教学实施效果与改进

1. 数字化转型下教学范式的创新实践评价

80%的教学管理者认为数字化转型下的教学范式创新实践有一定成效，但仍然需要改进。这表明，虽然数字化教学已被广泛实施，并取得了初步成效，但在实践过程中还存在不足，需要进一步优化和调整。

2. 推进数字化教学中最需要改进的方面

50%的教学管理者指出教师的技术和教学能力是最需要改进的，这强调了教师作为教学改革和数字化实施的关键角色，其自身的数字化教学能力和教学方法直接影响到教学效果和学生学习体验的质量。

首都职业教育在数字化教学实施效果与改进方面已经取得了积极进展，尤其在教学范式的创新实践上展现出一定的成效。然而，调查数据也指出，教师的技术和教学能力是数字化教学中最需改进的方面，这一发现强调了教师能力提升在推动教育数字化转型中的关键作用。

针对这一挑战，建议学校加强对教师的数字技能培训和专业发展培训，鼓励教师探索和采纳教学创新实践，同时不断优化数字化教学资源和平台，以确保教学内容的高质量和技术平台的稳定性。通过实施这些策略，可以进一步提升数字化教学的效果，为学生提供更优质的学习体验，促进职业教育质量的全面提升。

（六）数字化教学的标准与规范

30%的教学管理者表示学校有明确的数字化开发标准与指标规范，并且执行得很好，另有30%的管理者指出虽有标准和规范但执行不够。这表明，虽然一部分学校已经意识到并实施了数字化教学的标准化工作，但在标准执行力度上还存在不足。标准化工作的有效执行是确保数字化教学质量和效率的基础，执行不到位可能会影响教学活动的一致性和系统性，进而影响教学效果。

在首都职业教育的数字化教学实践中，虽然部分学校已经建立了一定的教学标准与规范并取得了进展，但调查数据揭示了在标准的执行与监督方面仍存在不足。为确保数字化教学的质量和效率，建议学校进一步明确和优化数字化教学标准，加强这些标准的执行力度和监督机制。同时，对教师和管理人员进行标准化培训，提升他们的标准应用能力，并根据教学需求和技术发展，定期评估和更新教学标准和规范。通过这些综合措施，可以提升数字化教学活动的系统性和一致性，促进教育资源的高效利用和教学方法的持续创新，为学生提供更高质量的教育体验。

（七）教师专业发展与培训

1. 教师数字化教学培训的充分性

70%的教育管理者认为学校为教师提供的数字化教学培训基本到位。这表明多数学校已经注意到并开始实施教师的数字化教学培训，以提升他们的技术应用能力、优化教学方法。

2. 定期组织数字化教学研讨会或工作坊

80%的教学管理者表示学校有时组织关于数字化教学的研讨会或工作坊，但效果一般。这反映了虽然学校尝试通过这些活动促进教师专业发展，但可能是组织频率不够高或内容不够精准而导致效果不理想。

结合调查数据，可以看出首都职业教育在教师数字化教学培训方面已取得一定进展，大多数学校对教师进行了充分的培训，同时也尝试通过研讨会或工作坊等形式进一步促进教师的专业发展。然而，还需提高这些活动的效果，使之更加贴近教师的实际需求和发展趋势。因此，建议学校进一步加大对教师数字化教学培训的投入，定期并系统地组织培训和研讨活动，关注培训内容的实用性和前瞻性。此外，鼓励教师参与到数字化教学实践中，通过实际操作来加深理解和应用，从而有效提升教学质量，促进教师的持续专业成长。

（八）推动数字化教学的关键因素与未来规划

1. 推动数字化教学的关键因素

100%的教学管理者认为充足的资金投入是推动数字化教学的最关键因素，紧随其后的是教师的积极参与和培训以及学校领导的支持和推动，均占比90%。这表明，资金、领导支持以及教师参与三者构成了推动数字化教学成功实施的基石。

2. 学校对于数字化教学未来的规划重点

在未来规划方面，30%的教学管理者选择了加大资金投入更新设备、强化师资培训提升教学能力、提高学习数据分析能力开展个性化教学三个主要的规划重点。这些规划重点凸显了学校未来发展数字化教学的方向，即通过增加投资、强化教师培训以及利用数据分析来实现教学个性化，从而提升教学质量和效率。

结合调查数据，首都职业教育在推动数字化教学的关键因素与未来规划方面显示出明确的发展方向和策略。资金投入、领导支持、教师培训和参与被视为成功实施数字化教学的核心要素。对于未来，学校计划通过加大资金投入力度、强化师资培训以及提高数据分析能力来进一步优化数字化教学实践。因此，建议学校在制定和执行数字化教学策略时，应确保资金的有效投入，加强领导层的支持和引导，持续提升教师的数字化教学能力，并充分利用教学数据来优化教学内容和方法。通过这些综合性策略，可以促进数字化教学的深入发展，为学生提供更加丰富和高效的学习体验。

（九）数据安全与隐私保护

调查结果显示，50%的教学管理者表示在数字化转型过程中偶尔遇到数据安全和隐私保护的问题，20%的管理者表示从未遇到相关问题，另有30%的管理者则指出经常面临此类挑战。这表明数据安全与隐私保护问题在当前虽不具有全面性，但在实践中仍呈现出较强的阶段性与分化特征，对其重视程度不容忽视。

结合调查数据，数据安全与隐私保护在首都职业教育数字化转型过程中呈现出一定的挑战。尤其是面对日益增长的数据流通量和技术应用范围，部分学校已明显感受到潜在的风险隐患。尽管部分学校未频繁遇到相关问题，但偶发的安全事件和隐患反映出提升数据安全能力的必要性。

因此，建议学校在推进数字化教学过程中，建立和完善数据安全管理制度，加强对数据安全技术的投入和更新，定期对教师和学生进行数据安全意识和技能的培训。同时，应制订应急响应计划，以便在遇到数据安全事件时能够迅速有效地采取措施，最大限度地减少损失。通过这些措施，不仅可以保护教育数据的安全，也能维护师生的隐私权利，为数字化教学创造一个更加安全可靠的环境。

（十）对学校数字化转型方面的建议和期望

教学管理者对于学校在数字化转型方面的建议和期望涵盖了战略规划、能力提升、资源开发、平台整合、数据应用和宣传推广等多个方面。这些建议体现了他们对于数字化转型的深刻理解和对未来教育发展的前瞻性思考。

除了与上述调查结果分析有相同的内容，教学管理者还强调了顶层设计的重要性，认为学校在推进数字化转型时需要有明确的目标和规划。这包括制定全面的数字化战略，明确转型的阶段性目标，以及如何评估和监控转型进程。通过顶层设计，学校可以确保数字化项目的协调性和连贯性，避免资源的浪费和重复建设。

此外，一些教学管理者提出，学校应该通过真实案例来加大宣传，让教师和学生真切感受到数字化转型的紧迫性和必要性。通过分享成功的案例和经验，激发教师和学生对数字化转型的兴趣，提高参与度，促进全校范围内的数字化氛围建设。

三、结论与对策建议

（一）结论

本次调查针对首都职业教育数字化转型现状，通过对10所职业院校教学管理者的问卷调查，揭示了几项关键发现。首先，绝大多数学校已经实现了较高的数字化教学资源覆盖率，且这些资源能够在很大程度上满足教学需求。其次，学校数字化平台普遍表现出良好的稳定性和可靠性。教师普遍对数字化教学转型持积极态度，但仍面临数字化能力提升的需求。此外，虽然多数学校已有专门团队支持数字化教学的发展，财政投入和管理挑战仍然存在。学校在数字化教学的实施效果、标准化工作及数据安全与隐私保护方面成效不一，也面临着不同程度的挑战。

（二）对策建议

1. 增加资源覆盖和更新力度

继续扩大数字化教学资源的覆盖范围，特别是针对新兴技术领域的专业教育。同时，加强资源的更新和维护，确保教学内容的时效性和全面性。为了保持教育内容与技术发展同步，关键在于扩大数字化资源的覆盖面，特别是针对那些涉及新兴技术领域的专业，如人工智能、大数据分析、云计算等。这不仅要求教育机构与行业前沿企业建立更加紧密的合作关系，以便及时获得最新的教学资源，同时还要建立系统的资源更新和维护流程，确保教学内容能够反映最新的技术进展和市场动态。

在更新和维护过程中，重视资源质量和时效性至关重要。必须通过严格的审核和评估体系，确保每一次的资源更新都符合教育标准和质量要求。此外，积极利用教师和学生的反馈对教学资源进行细致调整，可以使教学资源更加符合实际教学和学习需求，从而提高教育的有效性和针对性。

2. 加强教师数字化能力培训

在教育数字化转型的过程中，教师的数字化能力不仅关乎教学质量，更是塑造学生未来竞争力的关键。为此，组织针对性的数字化教学培训和研讨会成为教师专业发展的重要途径。这些培训旨在提高教师掌握和应用最新教学技术的能力，促使他们在教学设计和实施过程中能更加灵活和创新地利用数字工具。通过这样的系统性培训，教师不仅能够更新教学方法，更能激发学生的学习兴趣和参与度，为学生创造一个更加互动和富有成效的学习环境。

此外，教师在数字化教学实践中积累的经验和反馈，是优化培训内容和方法的宝贵资源。将实践中遇到的挑战转化为培训课程的案例研究，不仅有助于教师深入理解数字化教学的实际应用，还能提升他们解决问题的能力和教学创新性。跨学科的协作培训能够促进不同领域教师之间的知识交流和合作，进一步丰富教学内容和形式，为学生提供更广阔的学习视野。通过这一系列综合措施，可以有效提升教师的数字化教学能力，为职业教育的质量提升和学生全面发展奠定坚实基础。

3. 扩大财政投入与优化预算分配

在推动职业教育数字化转型的过程中，充足的财政投入和合理的预算分配是实现教育创新和提升教学质量的基石。学校应当加大对数字化教学的财政支持，特别是在技术更新、资源开发和教师培训等关键领域。投资最新的技术设备不仅能够增强教学的互动性和吸引力，还有助于提高学生的学习效率。同时，开发高质量的数字化资源能够为学生提供更加丰富和多样化的学习材料，而对教师进行持续的数字技能培训，则是确保教学活动质量和效果的重要举措。通过这些财政支持，学校能够有效地应对数字化转型过程中的各种挑战，促进教育质量的持续提升。

此外，优化预算分配是确保财政投入高效利用的关键。学校应当建立科学合理的预算管理机制，对不同项目和领域的资金需求进行精确评估和优先级排序。通过建立严格的项目评估和监控体系，学校可以持续跟踪投资效果，及时调整和优化预算分配策略。这样的财政管理机制不仅能够提升资源利用效率，还能激励教育创新，为学校持续发展提供强有力的支撑，最终实现教育资源的均衡发展和学生全面成长的目标。

4. 推进标准化与规范化工作

在促进职业教育数字化发展的进程中，推进标准化与规范化工作至关重要。首先，要制定和完善数字化教学的开发标准与指标规范，确立统一的教学质量标准和评价体系。这将有助于规范数字化教学的内容、形式和评价方式，提高教学活动的科学性和有效性。其次，加大这些标准的执行力度亦是关键，需要建立严格的监督机制和评估体系，确保各项标准得到全面贯彻和执行。通过推进标准化与规范化工作，能够完善数字化教学的系统性和一致性，为教学质量的稳步提升奠定坚实基础。

另外，标准化与规范化工作的推进还可以促进教育资源的共享与交流。通过统一的标准和规范，可以降低教学资源开发和应用的门槛，促进各学校、教育机构之间的资源共享与合作。这有助于提高教育资源的利用效率，避免资源的重复建设和浪费，进而推动数字化教育事业的协同发展。因此，推进标准化与规范化工作不仅有助于提升教学质量和效率，还能够促进教育资源的共享与优化配置，实现教育公平和可持续发展的目标。

5. 加强数据安全与隐私保护

在数字化教育蓬勃发展的今天，加强数据安全与隐私保护显得尤为重要。首先，建立和完善数据安全管理制度是保障数字化教育健康发展的基础。这需要制定明确的数据安全政策和规定，建立完善的数据管理体系，确保数据的采集、存储、传输和处理符合相关法律法规和标准，有效保护用户的隐私和权益。其次，提高数据安全技术的投入和更新也至关重要。随着网络技术的不断发展，数据安全形势日益复杂，需要不断更新和升级安全技术手段，加强系统的安全防护能力，以有效应对各种潜在的安全威胁和风险。

此外，加强师生数据安全意识和技能的培训也是确保数字化教育安全的重要举措。教育机构和相关部门应该开展针对师生的数据安全教育和培训，提高他们对数据安全重要性的认识，增强防范意识和技能，教导他们正确处理和保护个人数据的方法和技巧。只有通过全社会的共同努力，才能够建立起坚固的数据安全防线,保障数字化教育的持续健康发展,为教育事业的蓬勃发展提供可靠保障。

6. 深化校企合作,共同推进数字化转型

深化校企合作是推动数字化教育转型的关键举措之一。首先,加强与企业的合作能够为学校引入最新的行业技术和资源。通过与企业合作,学校可以更好地了解市场需求和行业趋势,及时调整教学内容和方法,使教育更加贴近实际应用和市场需求。同时,企业的技术支持和资源投入也能够为学校提供更多的数字化教学工具和平台,丰富教学资源,提升教学质量和效果。

其次,共同开发适应市场需求的数字化教学内容和平台也是校企合作的重要内容。通过与企业合作,学校可以参与到数字化教育产品和平台的开发过程中,根据实际需求和用户反馈,共同打造适用于教学的数字化工具和平台。这不仅有助于提高教学的灵活性和个性化程度,还可以促进教育信息化水平的提升,推动教育实践的改进和创新。深化校企合作是推动数字化教育转型的有效途径,有助于促进教育与产业的融合发展,推动教育事业朝着更加开放、创新和可持续的方向发展。

综合上述六个方面的建议,我们可以看到数字化教育的转型不仅需要政府、学校和企业等各方的共同努力,也需要全社会的广泛参与和支持。随着科技的不断发展和社会的不断进步,数字化教育已经成为推动教育改革和提升教学质量的必然选择。通过加大资源覆盖和更新力度、提升教师数字化能力、增加财政投入与优化预算分配、推进标准化与规范化工作、加强数据安全与隐私保护、深化校企合作等措施的实施,可以更好地应对数字化教育带来的挑战,促进教育事业的创新发展。

第三章
构建教育数字化转型的理论支撑

在当今快速发展的信息时代,数字技术的进步正在深刻改变我们的生活和工作方式,教育领域亦是如此。教育数字化转型不仅仅是一种趋势,也成为提升教育系统效能、促进个体发展和实现教育公平的关键途径。

第一节 教育数字化转型的内涵与特征

随着技术的不断进步,教育领域正经历一场前所未有的变革。数字化转型已经成为教育改革的核心,它利用现代信息技术,旨在全面提升教育质量和效率。本节将详细阐述教育数字化转型的内涵,探讨其主要特征以及对教育领域带来的影响,为进一步深入理解这一过程奠定基础。

一、教育数字化转型内涵

(一) 定义

教育数字化转型是指通过引入和利用数字技术来重塑教育系统的结构和功能,以提高教育质量、效率和可及性的过程。这种转型覆盖了教育的各个方面,包括教学方法、学习资源、教育管理、评估体系,乃至教育文化的全面数字化改造。教育数字化转型的目的是适应信息时代的需求,培养具备21世纪技能的学习者,同时解决传统教育体系中存在的问题,如资源分配不均、教育机会不均等。

(二) 核心要素

教育数字化转型是现代教育发展的关键方向,它涵盖了教学方法的革新、学习资源的数字化和开放性、教育管理的智能化以及评估体系的创新等多个核心要素。这些要素不仅反映了数字化转型的广度和深度,还体现了其对于提高教育质量和效率的重要作用。

1. 教学方法的革新

在传统教育模式中,教学活动多依赖于面对面的授课,这种方式虽然便于教师控制教学进程,但在满足个体学习差异、提高学习效率等方面存在局限。数字化转型通过引入在线学习、混合学习、翻转课堂等新型教学模式,极大地丰富了教学方法和手段。例如,混合学习模式结合了线上和线下教学的优势,为学生提供了更加灵活多样的学习选择;翻转课堂则让学生在课前通过线上资源自主学习基础知识,课上时间更多用于讨论和实践,有效提升了学习的深度和广度。这些变革不仅增强了教学的个性化和互动性,也使得教育更加符合当代学习者的需求。

2. 学习资源的数字化和开放性

数字化转型的另一个重要方面是学习资源的数字化和开放性。通过将教材、讲义、视频等教学内容数字化,并通过互联网平台进行分享,极大地提高了教育资源的可获取性和共享性。在线课程和数字图书馆等资源的普及,不仅使学习者能够突破时间和空间的限制,随时随地获取知识,也促进了教育资源的平等化。此外,开放教育资源(OER)的兴起更是为自主学习和终身学习提供了丰富的支持,推动了教育公平的实现。

3. 教育管理的智能化

利用大数据、人工智能等先进技术,教育管理正在变得更加高效和精准。学习分析工具可以实时跟踪学生的学习行为和成绩,帮助教师及时了解学生的学习状况,提供个性化的辅导和支持。智能化的教育管理系统不仅能够自动优化课程安排、资源分配等,还可以通过数据分析预测教育趋势,为教育决策提供科学依据。这种智能化管理大大提高了教育机构的运营效率和教育质量。

4. 评估体系的创新

数字化技术对教育评估体系也带来了革新。相比于传统的纸笔考试,数字化评估工具如在线测试、模拟实验、学习投入度跟踪等,能够更加全面和客观地评价学生的学习成果。这些评估方式不仅能够实时反馈学生的学习情况,还能够根据学生的学习数据提供个性化的学习建议,促进学生的自我反思和持续进步。通过创新评估体系,教育评估不再仅仅是成果的检测,更成为学习过程的有机组成部分,为提升学习效果提供了强有力的支持。

综上所述,教育数字化转型通过推动教学方式革新、学习资源的数字化和开放性、教育管理的智能化以及评估体系的创新,深刻影响了现代教育的发展。这些核心要素共同推动了教育的质量提升、效率增加和公平实现,为构建更加开放、灵活和高效的教育体系奠定了基础。

(三) 教育数字化转型的基本原则和驱动力

1. 全面性——教育数字化转型的必要性

数字化转型远远超出了单纯技术层面的升级或教学工具的数字化应用。它是对教育系统内部结构、运作方式及其与外界交互模式的根本性重塑。这种变革触及教育系统的每一个角落,包括但不限于课程内容的数字化、教学方式的创新、评估方法的更新、教育资源的分配及管理方式的优化。更重要的是,数字化转型还包括对教育理念和文化的重塑,鼓励开放思维、终身学习以及创新和创造力的培养。因此,全面性强调的是一个系统性的变革过程,涵盖教育体系的各个层面,以确保数字化转型能够实现其广泛和深远的影响。

2. 目的性——教育数字化转型的目标

教育数字化转型的核心驱动力在于其明确的目标——提升教育的整体质量与效率,实现教育公平和推进个性化教育。这些目标指引着数字化转型的方向和重点,确保技术应用和创新活动能够紧密围绕提高学习成效、优化教育资源分配、促进教育机会均等以及满足学习者多样化需求等关键领域展开。目的性保证了教育数字化转型不仅仅是追求技术上的进步,更重要的是通过技术的力量实现教育公平和质量提升,确保每个学习者都能从中受益。

3. 持续性——教育数字化转型的发展路径

教育数字化转型是一个长期、动态的过程,它需要不断地适应技术进步和教育需求的变化。随着新技术的不断涌现和教育理念的演进,数字化转型也必须持续地进行调整和优化。持续性意味着教育系统需要建立起灵活的机制和开放的态度,以便快速吸收新技术、新思想,并将其有效融入教育实践。这不仅要求教育决策者和从业者具备前瞻性和创新意识,也需要构建一个鼓励试错、持续学习和改进的教育生态环境。

综上,全面性、目的性和持续性共同定义了教育数字化转型的本质。它们提示我们,数字化转型不仅是一场技术革命,更是教育领域一次深刻的系统性变革。这种变革旨在通过不断地创新和发展,推动教育系统向着更高质量、更加公平和更深个性化的方向前进。全面性、目的性和持续性作为"为什么"提供了教育数字化转型的基本理念和指导原则,它们概括了教育数字化转型的必要性、目标和发展路径,为教育系统在信息时代中的持续发展和创新提供了坚实的理论支撑。

二、教育数字化转型的特征

在探讨教育数字化转型的过程中,了解其核心特征不仅有助于我们理解这一转型背后的动力和目的,还可以指导我们实现有效和有意义的教育改革。教育数字化转型的四个关键特征是个性化、互动性、可持续性和普及性,这些特征共同塑造了数字化教育的现状和未来,为学习者提供了前所未有的学习体验和机会。

(一) 个性化

个性化学习是教育数字化转型的核心特征之一。通过利用大数据和人工智能技术,教育系统能够分析学生的学习行为、成绩变化和个人偏好,从而为他们提供量身定制的学习资源和教学策略。个性化学习路径的设计旨在满足每位学生的独特需求,帮助他们在自己的学习节奏中发挥最大化潜能。这不仅包括为学生推荐适合其学习水平和兴趣的课程内容,还涉及调整教学方法和评估标准,以适应学生的个性化学习过程。

(二) 互动性

数字化教育平台和工具,如在线讨论论坛、协作软件和虚拟课堂等,极大地促进了教师与学生、学生与学生之间的互动。这种互动不局限于课堂内的即时反馈,还包括课后的讨论和协作学习,极大地丰富了学习体验。通过视频会议、实时聊天和共享文档等功能,即使在远程教学的情况下,学生和教师也能保持紧密的联系，共同参与到学习过程中。这种互动性不仅加深了学生对学习材料的理解，还促进了批判性思维和创造性解决问题的能力。

（三）可持续性

教育数字化转型通过优化资源分配和利用，促进了教育资源的可持续发展。数字化教育资源如电子书籍、在线课程和虚拟实验室等，可以被无限复制和分享，不仅减少了对纸质教材和物理实验室的依赖，还降低了教育成本。此外，数字化教育平台能够收集和分析大量的教学数据，帮助教育机构评估和改进教学方法，实现教育质量的持续提升。这种以数据驱动的持续改进过程不仅提高了教育效率，还有助于构建更加公平、包容和高效的教育环境。

（四）普及性

数字技术的广泛应用极大地扩展了教育的覆盖范围，使得更多人能够接触到高质量的教育资源。无论是在偏远农村还是在繁忙都市，只要有互联网连接，学生就能通过智能手机、电脑等设备接入在线课程和教学平台。这种普及性不仅提高了教育的可及性，也为那些因地理、经济或社会原因而难以获得优质教育资源的人群打开了学习的大门。通过提供灵活的学习时间和多样化的学习形式，数字化教育为终身学习提供了可能，促进了知识的普及和社会的整体进步。

通过对教育数字化转型的个性化、互动性、可持续性和普及性四个关键特征的探讨，不难看出，数字化转型正深刻改变着教育的面貌和内涵。这种转型不仅提升了教育的质量和效率，更重要的是，它正在使教育变得更加公平、包容和可持续。未来的教育将更加重视满足学习者的个性化需求，利用技术力量打破时间和空间的限制，实现真正的学习自由和教育平等。

第二节　相关理论模型分析

在教育数字化转型的复杂过程中，各种理论模型起到了指导和解析的作用。这些模型不仅为我们揭示了教育技术采纳的内在逻辑，还阐明了知识传递与创新的网络化路径、教学方法的刷新以及创新实践的传播机制。通过对这些理论模型的应用和分析，我们能够更系统、更深入地掌握教育数字化转型的关键要素和动态进程。

一、技术接受模型（TAM）及其在教育数字化转型中的应用

20世纪80年代，戴维斯（Davis）在理性行为理论（Theory of Reasoned Action）的基础上构建了技术接受模型（Technology Acceptance Model，TAM），解释影响人们对计算机接受度的决定性因素。[1] 技术接受模型（见图4-1）认为技术使用与行为意向（behavioural intention）密切相关；使用行为受对待技术使用态度（attitude towards using technology）和感知有用性（perceived usefulness）的影响；与此同时，感知有用性和感知易用性（perceived ease of use）共同影响使用态度；而外部因素通过感知有用性和感知易用性来影响模型其他因素。典型外部变量包括系统设计、用户特点（如用户个性、性别、年龄）、任务特征、便利条件等。

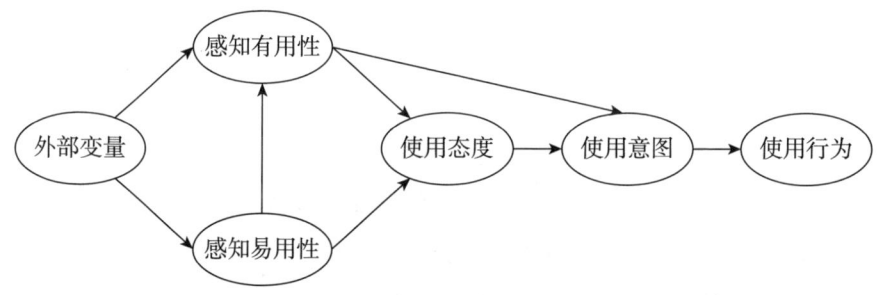

图4-1 技术接受模型

TAM2在原技术接受模型基础上，扩展了感知有用性的决定因素，强调社会影响（如主观规范、形象）和认知过程（如工作相关性、输出质量、结果示范）对用户技术接受意向的作用，进一步提升了模型对技术使用行为的解

---

[1] DAVIS F D. Perceived usefulness, perceived ease of use, and user acceptance of information technology [J]. Mis Quarterly, 1989, 13 (3): 319-340.

释力。

TAM3 在继承 TAM2 社会影响和认知过程因素的基础上，进一步细化了感知易用性的决定因素，引入计算机自我效能、外部控制感知、计算机焦虑、计算机趣味性和感知享乐等变量，系统揭示了影响用户技术接受意向的深层心理与环境机制。

发展至今，该模型已成长为技术接受研究领域应用最为广泛、影响力最大且最常用的理论模型，为研究技术使用者的内部信念、态度、意向提供了理论基础。相关研究结果均表明行为意向对于实际行为具有较高的预测能力，且易用性感知和有用性感知是影响行为意向的两个重要因素。李格里（Legris）等对技术接受模型的元分析显示，在这一模型的延伸的基础上，大量影响人们接受技术的因素已被确认，主要包括便利条件、技术支持、系统的可用性、计算机自我效能、主观规范等。[1]

近年来，随着教育信息化的不断深入，国内涌现出了一大批基于技术模型的研究成果。这些研究覆盖了教育信息化过程中的多种技术和相关群体。例如，朱少英等运用技术接受模型（TAM），通过对 8 所高校 367 名学生的问卷调查数据进行分析，揭示了影响学生使用精品课程网络资源的意向的前置因素，主要包括感知相容性、感知有用性和感知易用性。[2] 尤佳鑫等对 340 名英语教师进行了数字教材接受度的抽样调查，并运用结构方程建模验证了教师 TPACK（技术、教学法、内容知识）能力对数字教材技术接受度的正面影响。[3] 魏婷等基于技术接受模型构建了教育游戏参与者行为意向影响因素模型，并通过 Flash 类教育游戏参与样本和 RPG 类游戏参与样本进行了模型验证。研究结果表明，影响教育游戏使用意向的因素包括游戏系统的感知有用

---

[1] LEGRIS P，INGHAM J，COLLERETTE P. Why do people use information technology? A critical review of the technology acceptance model [J]. Information & Management，2003，40（3）：191-204.

[2] 朱少英，申国昌. 精品课网络资源使用意愿影响因素的实证研究 [J]. 电化教育研究，2015（11）：51-56.

[3] 尤佳鑫，孙众，宋伟. 数字教材的技术接受度与教师 TPACK 能力的相关分析——基于结构方程模型的实证研究 [J]. 电化教育研究，2014（11）：102-108.

性、感知易用性和感知体验的正面影响。❶

在职业教育数字化转型的背景下,理解和促进教师与学生接受新教育技术变得尤为关键。此时,技术接受模型(TAM)提供了一个实用的理论框架,帮助教育决策者有效地推广和应用新技术。TAM 模型主要通过分析用户对新技术的感知有用性和感知易用性来预测用户的技术接受行为。具体应用 TAM 模型可以帮助教育决策者在以下三个方面取得进展。

1. 评估新技术工具

通过 TAM 模型,决策者可以系统地评估新引入的教育技术工具。感知有用性让用户评估这项技术是否会增强他们的教学或学习成效,而感知易用性则涉及技术的操作复杂度。例如,决策者可以通过问卷调查、实地测试和焦点小组讨论等方法收集数据,分析目标用户群对各种教育技术的感知和接受程度。这样不仅可以选择最适合其教育目标的技术工具,还可以根据学生和教师的具体需求进行调整和优化。

2. 提高接受度

研究表明,技术的易用性和有用性是影响用户接受度的关键因素。为了提高新教育技术的接受度,教育技术开发者和教育机构应该着重优化产品的用户体验。这包括简化技术操作的流程,设计直观的用户界面,以及提供充分的用户支持和培训。同时,明确展示这些技术在教学和学习中的具体价值,如通过案例研究或示范项目展示其效果,可以有效提高教师和学生的动机和意愿去采用新技术。

3. 促进技术整合

利用 TAM 模型,教育机构可以更深入地理解教师与学生对教育技术的态度,从而制定更有效的技术培训和支持策略。这包括提供定制化的培训程序,解决具体技术使用中的疑难问题,以及定期收集反馈以持续改进技术工具。通过这些措施,可以促进新技术在教育实践中的广泛整合和应用,从而在教

---

❶ 魏婷,李艺.教育游戏参与者行为意向影响因素模型的复核效化研究[J].电化教育研究,2012(6):41-46,71.

学过程中发挥最大的效能。

TAM模型作为理解和预测用户对新技术接受程度的重要工具，为职业教育领域内的数字化转型提供了理论支撑和实践指导。通过深入应用TAM及其衍生模型，职业教育机构能够更有效地选择和部署教育技术，提升教师和学生的技术接受度，促进教育创新和教育质量的提升。随着教育技术的快速发展和教育需求的日益多元化，持续探索和优化基于TAM模型的应用策略，将对职业教育的持续改进和发展起到积极作用。

二、结构洞理论及其在教育数字化转型中的应用

结构洞理论（Structural Holes Theory）是由社会学家罗纳德·伯特（Ronald S. Burt）提出的。[1] 伯特的结构洞理论强调了社会网络中非重叠的、分散的社交结构（结构洞）对信息和资源流动的重要作用。通过利用这些结构洞，个人或组织能够获取并控制更多的信息和资源，从而在社会竞争中获得优势。

结构洞理论揭示了社会网络中的一个关键现象——社交群体之间因为缺乏直接联系而形成的"空白区域"或间隙。这些间隙在社会网络理论中被称作结构洞。它们不仅标识了网络中的非连续性，也暗示了信息流动和资源共享的潜在阻碍。在没有桥接这些结构洞的情况下，相互隔离的社交群体可能会导致"知识孤岛"的形成，进而影响整个网络的创新能力和效率。

（一）结构洞理论：桥接社交群体的战略优势

在结构洞理论中，跨越结构洞的个体或组织处于极具战略价值的位置，能够有效地连接原本分隔的社交群体。这种独特的中介位置赋予它们以下三个优势。

1. 信息优势

跨越结构洞的个体或组织，作为不同网络群体之间的联络点，拥有访问广泛和多样化信息的独特能力。在教育领域，这意味着能够汇聚来自科研、

---

[1] BURT R S. Structural Holes: The Social Structure of Competition [M]. Boston: Harvard University Press, 1992.

实践、政策制定者和行业的多元信息。这种信息的多样性不仅扩展了视野，还提供了更丰富的资源用于教学创新和课程开发，极大地促进了教育质量的提升和教育模式的革新。例如，通过整合工程和艺术学科的信息，可以开发出新的跨学科课程，既增加了学科的互动性，也提高了学习的实用性。

2. 控制优势

结构洞的中介者可以控制信息流动的关键节点，这种控制力使它们在资源交换和协作中发挥核心作用。在教育机构中，这可以转化为更高的组织效率和优化的资源配置。例如，一个能够连接教育部门和科技公司的机构可能会更有效地引入先进的教育技术和教学方法，同时在政策制定中也可能拥有更大的发言权。这种策略性的信息控制有助于机构在竞争中维持优势，通过优先接入创新资源和最新研究成果来增强其教育服务的质量。

3. 创新优势

跨越结构洞的个体或组织通过整合不同社交群体的知识和资源，能够促进新思想、产品或解决方案的创造。在教育领域，这种能力尤为重要，因为它关系到教育内容的刷新和教学方法的革命。创新可以源于跨领域的合作，如将 AI 技术应用于个性化学习路径的设计，或开发能够自动适应学生学习进度的智能教育平台。此外，跨界的创新还可以帮助教育机构开发新的评估工具，这些工具能更准确地反映学生的综合能力和学习成果。

综上所述，处于结构洞战略位置的教育机构或个体因其能够接触和整合多元信息、控制信息流和资源交换以及促进创新而具有显著的竞争优势。为了最大化发挥这些优势，教育机构需要发展强大的网络关系管理能力，优化内部信息流通机制，并持续推动跨界合作。这不仅能够加速教育的数字化转型，还能在全球教育创新的舞台上保持领先地位。

（二）利用结构洞理论优化教育数字化转型的实践

在教育数字化转型的过程中，利用结构洞理论可以显著提高教育系统的连通性和创新能力。结构洞，即社会网络中相互隔离或弱连接的社会群体之间的空隙，提供了信息和资源流动的潜在通道。通过有效识别和桥接这些结构洞，教育机构能够实现更广泛的网络效应和增强教育服务的质量。具体来说，结构洞理论可以在以下四个方面发挥重要作用。

1. 建立跨界合作网络

通过识别教育系统内外部的结构洞，教育机构可以构建跨学科、跨部门甚至跨行业的合作网络。这样的网络不仅能促进教育资源和知识的共享，还能激发跨界创新。例如，将计算机科学与传统学科如生物学或文学结合，可以开发出全新的教学工具和方法，如通过数据分析深入理解文学作品的情感层面，或在生物学教学中使用模拟软件进行实验。

2. 优化资源分配

理解结构洞的分布和特性可以帮助教育决策者更有效地分配资源。在教育机构中，资源往往在某些节点聚集，形成"信息孤岛"。通过桥接这些"孤岛"，可以确保信息和资源流向最需要它们的地方，从而提升整体的教育效率和效果。例如，通过网络分析工具，学校管理者可以识别出资源过剩和资源匮乏的部门或课程，进而优化资源配置。

3. 促进知识融合和创新

跨越结构洞的战略行动有助于集聚和融合不同领域的知识，为教育创新提供丰富的土壤。这种跨学科的知识融合特别适合解决复杂的问题，如环境可持续性、公共卫生或社会福利等。通过鼓励教师和学生跨学科学习和研究，可以激发新的教育理念和教学方法的发展。例如，集成艺术和科学项目不仅可以提高学生的创造力，还可以增强其解决实际问题的能力。

4. 强化技术支持和应用

数字化工具和平台本身就是强大的结构洞桥接工具。利用这些技术，教育机构可以创建虚拟的合作空间，如在线协作平台或虚拟实验室，其中教师和学生可以远程共享、讨论和生成知识。技术的应用还可以通过精确跟踪学习过程中的数据来体验个性化学习，根据学生的学习进度和风格调整教学策略。

综上，桥接教育领域的结构洞不仅有助于资源和信息的有效流动，还促进了知识的创新和多样化。在教育数字化转型的大背景下，这种策略的实施将持续推动教育系统的变革和进步。教育机构需要采用前瞻性的视角，积极探索并实施这些策略，以实现教育的真正现代化。

三、混合学习理论及其在教育数字化转型中的应用

随着教育信息化的快速发展，混合学习在教育领域得到迅速扩展和延伸。当前，混合学习已经成为教育技术研究领域的热点之一，并在各类教育中广泛应用。同时，其也推动了教育技术理论研究的发展以及教学实践的变革。

（一）混合学习概念界定

2006年，美国印第安纳大学的柯蒂斯·邦克教授在其著作《混合学习手册：全球化视野、本地化设计》中，对混合学习进行了明确的界定，即结合面对面教学和计算机辅助的在线学习。❶此外，美国宾夕法尼亚大学的校长也持有相似观点，其认为混合学习是一种在线学习和面对面课堂教学的有效融合。这种教学模式在高等教育中得到了广泛的应用，因为它克服了单一的面对面讲授或在线个别化学习所无法实现的预期教学效果。

何克抗教授在其文章《从Blending Learning看教育技术理论的新发展》中阐述了一个观点：国际教育技术界已从混合学习的本质内涵出发，对其进行了重新定义。新定义将传统学习方式与数字化或网络化学习（E-Learning）的优势相结合，以期达到更优的学习效果。❷黄荣怀等也在其著作《混合式学习的理论与实践》中，将混合学习的定义引入一个新的维度，即通过运用适当的学习技术，在学习者的最佳时机，提供与其学习风格相匹配的学习技能，进而提升与学习目标相对应的学业成就。❸

以上混合学习的定义是从教与学的角度来理解的，且在不断完善。从面

---

❶ 詹泽慧，李晓华. 混合学习：定义、策略、现状与发展趋势——与美国印第安纳大学柯蒂斯·邦克教授的对话 [J]. 中国电化教育，2009（12）：1-5.

❷ 何克抗. 从Blending Learning看教育技术理论的新发展 [J]. 中国电化教育，2004（3）：5-10.

❸ 黄荣怀，周跃良，王迎. 混合式学习的理论与实践 [M]. 北京：高等教育出版社，2006：12.

对面课堂教学和在线学习的结合再到有机融合，研究者对于混合学习的理解不断深入。

迈克尔·霍恩（Michael Horn）和希瑟·斯特克（Heather Staker）访谈了150多位互动式学习课程背后的教育者，将混合学习的定义概述为三个部分：一是在线学习，二是在有教师督导的地点进行，三是一种综合性的学习体验。其中，第一部分的定义是指在任何一种正式的教育课程里，学生的学习过程至少有一部分内容是通过在线形式来完成的，一定程度上由学生自己自主控制时间、地点、学习路径或进度；第二部分指出学生学习的一部分是在教师督导下，非家庭所在的实体课堂里进行的；第三部分是指在一门课或者科目中，每个学生学习路径的各种模式互相关联，为学生提供了一个综合性的学习体验。[1]

从教与学的角度来理解混合学习的定义，即把在线学习和传统面对面课堂教学这两种学习方式的优势进行有机融合，不仅发挥教师在教学过程中的主导作用，而且也调动学生进行自主学习的积极性和创造性，最终实现教学效果的最优化。

（二）混合学习的研究现状

目前，学术界对混合学习的研究主要聚焦于两个核心领域：理论基础与实施模式。在理论基础研究方面，学者探讨了混合学习的概念、原则等基本问题。尽管国内外专家对混合学习的理解存在一定差异，但共识在于混合学习旨在融合在线学习的灵活性与面对面教学的互动性，以实现教学效果的最优化。此外，混合学习理论整合了行为主义、认知主义、建构主义以及人本主义等多种学习理论，形成了一个多元融合的理论框架。

关于混合学习模式的研究，主要包括信息化学习环境中学科课程教学的混合学习模式研究和基于 MOOC、SPOC、微信等平台的混合学习模式研究。有研究表明，基于高校网络平台的混合学习模式，能够解决部分公共课程传

---

[1] 迈克尔·霍恩，希瑟·斯特克. 混合式学习：21 世纪学习的革命 [M]. 混合式学习翻译小组，译. 北京：机械工业出版社，2016：31-33.

统大班教学的弊端，能充分利用信息技术给师生提供更多教与学的自由，提升信息化时代教师的教学能力和学生的学习能力。

相对于混合学习的理论基础和混合学习模式而言，混合学习的学习评价研究偏少。有研究表明，混合学习的学习对象主要是受高等教育的大学生群体，而对于中小学生，特别是低年级学生并不完全适用。在混合学习模式下，不同类型的学生参与线上学习的效果并不相同，成绩中等的学生学习成绩提高显著。

（三）混合学习理论对于职业教育数字化转型的指导意义

在当前教育数字化转型的背景下，混合学习模式被视为提升教学质量和效率的关键策略。

1. 教学模式的创新

为了适应不同课程和学科的特点，学校应积极探索和实践多种混合学习模式。

例如，翻转课堂模式通过让学生在家中通过视频观看讲座内容，然后在课堂上进行深入讨论和实践活动，从而更加有效地利用课堂时间，促进学生的积极参与和深入理解。小组讨论和协作项目可以增强学生的沟通能力和团队协作精神，而在线自主学习则允许学生根据自己的学习节奏调整学习进度，这些方法都极大地丰富了教学手段，提高了教学的灵活性和个性化水平。

2. 技术和资源的有效整合

混合学习模式的成功实施依赖于教育技术和传统教学资源的有效整合。利用数字平台和工具，如学习管理系统（LMS）、互动白板及视频会议软件，可以优化教学内容的呈现，拓展教学的时空边界，并促进师生的互动和交流。这种整合不仅提升了教学资源的利用效率，也使得资源更新、分配和访问更加高效和公平，特别是在资源匮乏的地区。

3. 学习效果的提升

混合学习模式通过其灵活性和个性化的教学特点，能够更好地满足学生的不同学习需求。这种教学模式能够有效地提升学生的学习动机，特别是通过引入游戏化学习元素、实时反馈机制及适应性学习路径来增强学习体验。此外,混合学习模式也有助于学生发展自我导向学习能力,这对于终身学习极为关键,从而整体提高学习成效和学生满意度。

4. 教育公平的促进

混合学习模式的一个显著优势是通过扩展线上资源的广泛可获取性,帮助缩小不同地区、不同经济和社会背景学生之间的教育差距。在线教育资源如开放课程资源、在线公开课等,为边远地区和经济条件较差的学生提供了高质量的教育资料,这不仅增加了他们的学习机会,也促进了全社会的教育公平和社会整体的知识水平提升。

通过上述策略,混合学习不仅能够提升教育质量和效率,还能推动教育资源的公平分配和教育公平的实现。因此,教育决策者和实施者需要继续探索和优化混合学习的各种模式,确保其在提升教育效果的同时,也能实现更广泛的社会价值。

然而,混合学习也面临着一些挑战和局限性,在实施混合学习的过程中,可能会遇到多种挑战,如技术难题、学生参与度不高以及评估与反馈的困难等。首先,技术障碍可能会阻碍混合学习的顺利进行。这包括网络连接不稳定、教学平台操作复杂以及硬件设备不足等问题。其次,确保学生的高参与度是混合学习中另一个关键问题。由于缺乏面对面的互动,学生可能会感到孤立,进而影响他们的学习积极性和动机。最后,评估和反馈的困难也是混合学习中不容忽视的问题。传统的评价方式可能不适用于混合学习环境,而且教师在提供及时有效的反馈方面也可能面临挑战。因此,为了克服这些困难,需要采取相应的策略和措施,如提供技术支持、鼓励学生参与以及开发新的评估方法等。

总体而言,混合学习作为一种创新教育理论,已经在全球范围内得到了广泛的应用和研究。混合学习理论为教育领域提供了一种创新的教学策略,通过合理融合线上和线下的教学资源和方法,不仅能够丰富教学形式,还能够提高教学质量和效果。随着技术的发展和教育需求的变化,混合学习将继续演进,为教育实践和研究提供更多的可能性和机遇。职业教育院校教师需要不断探索和优化混合学习模式的应用,培养学生的终身学习能力,以适应快速发展的社会和职场需求。

四、创新扩散理论及其在教育数字化转型中的应用

创新扩散理论(Diffusion of Innovations Theory),由美国社会学家埃弗雷特·罗杰斯(Everett M. Rogers)于1962年提出,是一种分析新思想、技术或产品如何在不同文化或社会环境中得到接受和广泛传播的理论框架。罗杰斯通过深入研究过去的扩散案例,总结出创新扩散的过程受到多种因素的影响,包括创新本身的特性、传播渠道、时间及社会系统的结构。

自提出以来,创新扩散理论已经被广泛应用于各个领域,帮助研究者和实践者理解如何更有效地推广新的观念和技术。在社会科学领域,该理论用于研究社会变迁和行为改变;在营销领域,该理论帮助企业设计出更有效的市场推广策略;在公共卫生领域,该理论指导健康干预措施的设计和实施;而在教育领域,该理论则用于指导教育创新的设计和推广策略。

在探究创新的普及过程中,理解其理论的关键要素是至关重要的。这些要素构成了创新扩散理论的核心,帮助我们预测和解释为什么某些创新能够成功普及而其他则不能。创新扩散理论的关键要素有以下五个方面。

(一)创新的属性

罗杰斯认为,创新的接受程度受到其相对优势、兼容性、复杂性、可试验性和可观察性五个属性的影响。

在教育领域,理解和应用罗杰斯的创新扩散理论可以极大地促进新教学方法、技术和理念的接受与普及。具体来说,创新在教育中的接受程度受到以下五个属性的影响,这些属性共同决定了教育创新是否能被广泛采纳和成功实施。

1. 相对优势

相对优势是指创新相比于现有解决方案的优越性。在教育中,这可能意味着新技术或教学方法能够提供更高效的学习过程、更好的学习成果、成本

效益的提高，或更加满足当前教育需求的解决方案。例如，数字学习平台与传统教室相比，可能提供更个性化的学习经验，能够根据学生的学习速度和风格调整内容，从而提升学习效率和效果。

2. 兼容性

兼容性关注创新与目标用户（如教师、学生、教育管理者）的现有价值观、过往经验和需求的匹配程度。高兼容性的创新更容易被接受，因为它们要求的行为改变较小，与用户的现有系统和流程更加协调。例如，教学软件的接口如果设计得与教师熟悉的工具类似，教师就更可能愿意尝试和使用这种软件。

3. 复杂性

复杂性度量了创新的难易程度；如果创新非常复杂，难以理解和实施，它的接受程度将会受到负面影响。在教育中，这意味着新引入的技术或方法需要适度设计，确保所有用户，特别是技术不那么娴熟的教师和学生，能够容易地理解和操作。简化的用户界面和清晰的指导手册可以帮助减少这种复杂性。

4. 可试验性

可试验性指的是创新可以在不完全采纳之前进行试验的程度。教育领域中的创新如果能够先行在小规模或短期内试验，将有助于教育工作者和学校管理层评估其实际效果与潜在价值。例如，新的在线评估工具如果可以在单一班级或课程中试行，将帮助教师和学校决策者理解其在全校范围内实施的可行性。

5. 可观察性

可观察性是指创新的效果是否容易被他人观察到。在教育创新中，如果成效可以明显观察到，如学生的成绩提高、学习效率增加或教师工作满意度提升，则其他教育工作者更可能被吸引并模仿这种创新。因此，展示创新成功案例的研究结果和用户证言可以有效促进其更广泛地接受和采用。

通过这些理论要素的深入理解，教育机构可以更有策略地推广新的教学技术和方法，确保这些创新不仅符合教育的目标，还能被广泛地接受和有效地利用。

（二）传播渠道

创新是通过一定的传播渠道在社会成员之间传播的。这些渠道可以是个人的交流，也可以是媒体或其他形式的传播。

在教育领域，创新的传播渠道对于确保新方法、技术或理念的广泛接受和应用至关重要。这些渠道不仅影响信息的传递效率，还决定了教育创新能够达到的受众范围。以下是几种主要的传播渠道及其在教育创新中的具体应用和影响。

1. 个人交流

（1）直接交流。面对面的交流仍是最传统且有效的传播方式，尤其是在建立了信任的教育环境中。教师之间的直接交流、专业发展研讨会、教育会议等都是促进教育创新传播的关键场合。这种形式的交流允许深入讨论，能够直接解答疑问并即时反馈创新的效果。

（2）非正式交流。在教师休息室、学校走廊，甚至社交场合的闲聊也可能成为创新传播的渠道。这些非正式的交流有助于散布个人使用创新的经验，影响同事们的态度和采纳意愿。

2. 媒体传播

（1）传统媒体。包括电视、广播和报纸，尽管其在现代教育环境中影响力有所减弱，但仍然是到达广大教师和家长群体的有效渠道。特别是在推广政府教育政策或大规模教育创新项目时，传统媒体能够迅速提供权威信息。

（2）新媒体。社交网络平台（如 Facebook、Twitter、微信、微博、知乎、抖音）、在线论坛和教育技术公司的网站现在是教育创新信息的主要传播渠道。这些平台不仅传播速度快、覆盖范围广，而且支持高度互动和用户参与，使得教育工作者可以轻松分享、讨论及反馈创新的使用经验。

3. 教育技术平台

（1）学习管理系统（LMS）。如 Moodle、Blackboard 等，这些平台内置的论坛和资源分享功能极大地促进了教学内容和创新教学方法的传播。

（2）专业网络和在线社区。如 Edmodo、TeachersPayTeachers 等，提供了教育资源交流的平台，教师可以在这些平台上找到实用的教学资源，学习和应用教学创新。

4. 其他形式

（1）学术出版物。教育研究期刊、案例研究报告和白皮书等，都是推广基于证据的教育创新的重要渠道。通过详细的数据和分析结果，这些文献可以说服教育决策者和实践者采纳新的方法。

（2）教育展览和会议。这种渠道提供了展示和讨论最新教育技术和教学方法的平台。参与者可以直接体验这些创新的实际应用，并与创新者进行面对面的交流。

通过这些多样化的传播渠道，教育创新能够有效地在教育系统中扩散，帮助教育工作者获取关于新工具和方法的关键信息，从而推动教育实践的持续进步和发展。正确的渠道选择和使用策略对于确保创新能够被广泛接受和成功实施至关重要。

（三）时间

创新扩散过程涉及创新的知晓、兴趣形成、评估、试验和采纳五个阶段，每个阶段所需时间的长短都对创新的接受程度有重要影响。

在教育领域，创新的成功实施和广泛采纳依赖于对其扩散过程的精确理解和管理。创新扩散过程可以分解为五个连续的阶段，每个阶段的持续时间和效率直接影响到创新的整体接受度和实际应用效果。

1. 知晓阶段

在此阶段，潜在用户首次接触到创新，通常通过媒体发布、会议介绍、同行推荐或教育政策的推广。

知晓的速度取决于创新传播的广度和渠道效率。快速全面的信息传播可以显著缩短这一阶段的时间，加速创新的整体扩散过程。

2. 兴趣形成阶段

在此阶段，潜在用户对创新产生兴趣，并开始主动寻求更多相关信息来评估创新的潜在价值和适用性。

兴趣的形成速度关键依赖于创新与用户需求的相关性和创新信息的吸引力。有效的示范和积极的用户反馈可以加快兴趣形成，促进更深入的探索和接受。

3. 评估阶段

在此阶段，用户对创新进行深入评估，考虑其适用性、成本效益和可能的实施挑战。

这一阶段的持续时间通常是创新扩散过程中最不确定的，因为它涉及个体和组织层面的决策过程。清晰、具体的效益证明和成本分析可以帮助缩短评估时间，减少犹豫和不确定性。

4. 试验阶段

在此阶段，用户在有限的范围内进行创新试验，以验证其在实际应用中的效果和可行性。

试验阶段的持续时间依赖于试验的规模和复杂性。小规模、简单的试验可以迅速提供结果，促进快速学习和调整。成功的试验结果是推动全面采纳的关键驱动力。

5. 采纳阶段

在此阶段，基于试验结果和总体评估，决策者和教育机构决定是否全面采纳创新。

这一阶段的速度取决于前阶段的成功度和组织的变革管理能力。有效的变革管理和持续的支持可以确保采纳过程的顺利进行，缩短时间窗口，实现创新的快速普及。

通过这些阶段的合理规划和时间管理，教育机构可以有效地推广和实施教育创新。理解每个阶段的时间需求和潜在延迟因素，能够帮助教育领导者制定更加精确和有效的创新引入策略，最终实现教育效果的显著提升和教育公平的促进。

（四）社会系统

社会系统的结构、规范和价值观等因素会影响创新的扩散过程。

第三章 构建教育数字化转型的理论支撑

在教育领域中，社会系统的构成和特性对创新的扩散起到决定性的作用。社会系统可以定义为包含教育机构、政策制定者、教师、学生、家长及社区等所有相关利益相关者的复杂网络。这个系统的结构、规范和价值观共同塑造了教育创新的接受和实施环境。以下是这些因素具体影响创新扩散的方式：

1. 结构

社会系统的结构指的是各个利益相关者之间的组织关系和连接方式。这包括教育机构的层级结构、学校与政府的关系，以及学校内部的管理架构。

一个高度集中的教育系统可能快速推行顶层设计的创新政策，而一个分散的教育系统则可能在地方层面看到更多基于校本特色的创新实践。结构的开放性和网络的互联性强度直接影响信息的流动速度和创新的扩散效率。

2. 规范

规范是指在社会系统中普遍接受和遵守的行为准则和操作标准，包括教育政策、教学方法和评估体系。

正式和非正式的规范都可以促进或阻碍教育创新。例如，如果一个社会系统强调标准化测试的结果，则可能抑制采用或许不立即提高测试成绩但有助于长远学习的创新教学方法。规范的灵活性和适应性是创新成功扩散的关键因素。

3. 价值观

价值观代表了社会系统内共享的基本信念和优先级，这些可能关注学生的全面发展、教育公平或学术卓越等。

价值观影响教育创新的接受程度，因为它们决定了教育利益相关者对于什么是"好"的教育的理解。例如，一个重视创造力和批判性思维的教育系统可能更倾向于采纳促进这些能力的教学方法和技术。反之，一个主要强调记忆和重复的系统可能对这些创新持保守态度。

4. 社会系统的协同作用

社会系统的各个组成部分——结构、规范和价值观——相互作用，共同影响创新的扩散路径和速度。例如，教育创新常常需要跨部门合作，如教育部门与科技部门的合作,这种合作能够在结构上得到体现和支持。同时,创新的成功推广也需要与社会规范和价值观相匹配,以确保它们能被广泛接受并持续使用。

通过精细地理解和管理社会系统的这些要素,教育决策者可以更有效地推动教育创新,不仅符合当前的教育需求,也能够预见并适应未来的变革需求,从而持续提升教育系统的整体质量和效率。

(五) 创新采纳者的类型

根据罗杰斯的理论,采纳者可以分为创新者(innovators)、早期采纳者(early adopters)、早期多数采纳者(early majority adopters)、晚期多数采纳者(late majority adopters) 和滞后者(laggards)。每种类型的采纳者在创新扩散过程中扮演不同的角色,影响创新的接受和普及速度。

在教育领域中,不同类型的采纳者对新技术、教学方法或政策的接受程度和速度各不相同。理解各类采纳者的特点有助于教育决策者和创新者制定更有效的推广策略,以确保创新能够在教育系统中顺利扩散。以下是罗杰斯理论中定义的五种类型的采纳者,以及他们在教育创新中的具体作用。

1. 创新者

创新者是冒险家,乐于尝试新奇事物。他们通常是技术娴熟者,拥有较强的理解和应用新技术的能力,不怕冒险,有能力承担新尝试失败的风险。

在教育系统中,创新者通常是那些寻求最新教学工具和方法的教育专家或科技爱好者。他们在推广新教育产品或实践中起到先驱作用,为早期采纳者提供经验和见解。

2. 早期采纳者

早期采纳者在他们的社群中享有较高的声望,他们对创新的认可对其他人采纳创新非常关键。

这些教育者在学校和社区中通常是教育改革的推动者。他们通过示范和推荐新的教学方法或技术,影响同行和决策者的看法和选择。

3. 早期多数采纳者

早期多数采纳者通常较为谨慎,他们在采纳创新前需要看到明显的证据和成效，这些证据表明这一创新已被早期采纳者成功使用。

在教育中，早期多数采纳者可能是主流教师和教育行政人员，他们在采用新技术前需要充分的支持和培训。他们对创新的广泛采纳标志着创新开始在教育体系中获得正式的、广泛的接受。

4. 晚期多数采纳者

晚期多数采纳者通常比较保守，对新的教育技术或方法持怀疑态度，他们采纳新技术或方法通常是出于压力或因为市场上大部分人已经采纳。

这一群体的教育者可能是在经过长时间观察后，因为政策要求或同行压力，才开始尝试和接受创新。他们的参与通常意味着创新已经成为新的标准或规范。

5. 滞后者

滞后者对创新持有极大的抵触感，他们通常与既有的社会网络联系不紧密，对新技术的抗拒可能源于财务、资源限制或对变化的深层次恐惧。

在教育系统中，滞后者可能是那些最后接受新教育政策或技术的教师或学校，可能需要特别的支持和证据来克服其对创新的抵触情绪。

通过精确地识别和理解这些不同类型的采纳者，教育创新者和政策制定者可以设计出针对性的介入措施，如定制培训、增加可观察性证据和强化社群推广策略，以促进教育创新的有效扩散和普及。这种分层策略有助于加速整个教育系统的现代化进程。

在教育领域，创新扩散理论为理解和促进教育技术和方法的接受提供了宝贵的视角。例如，通过分析教育创新的属性，教育工作者可以更好地设计和推广具有高度相对优势和兼容性、低复杂性的教育工具和策略，从而提高其在教师和学生中的接受度。此外，通过有效利用多样化的传播渠道和考虑社会系统的特性，可以更有效地推动教育创新的广泛采纳。

以上这些理论模型不仅为教育数字化转型提供了理论基础和分析工具，也为实践中遇到的挑战和问题提供了解决方案的思路。通过深入研究和应用这些理论，可以更加系统和科学地推进教育数字化转型，实现教育质量的持续提升和教育公平的实现。

第四章
国内外职业教育数字化转型案例与启示

第一节　国际职业教育数字化转型先进经验及启示

一、德国职业教育与工业4.0的融合[①]

在全球制造业迅速进入工业4.0时代的背景下，德国作为制造业强国，如何通过教育培养适应新工业革命的高技能人才，成为世界关注的焦点。德国的双元制职业教育系统因其独特的教育模式——将理论学习和实际工作经验结合起来，被认为是成功应对这一挑战的关键。

双元制教育模式是德国职业教育的核心，它将学生的学习时间分为两部分：在职业学校学习理论知识和在企业进行实际工作训练。这种模式不仅使学生能够获得必要的理论知识，而且通过实践学习，学生可以直接将理论知识应用到实际工作中，极大地提高了学习的效率和实用性。

(一) 实施内容

工业4.0代表着智能制造的新时代，以信息物理系统、互联网技术、大数据和人工智能为核心，推动制造业的数字化、网络化和智能化。这一变革不仅为制造业的发展带来了新机遇，也对职业教育提出了新的要求。德国职业教育面临的挑战是如何快速适应工业4.0带来的技术变革，培养具备新时代技能要求的人才。德国在职业教育中积极引入工业4.0相关技术，通过更新教学内容、改进教学方法和加强校企合作，将双元制教育与工业4.0的要求紧密结合。

1. 教学内容的更新

职业学校的课程设置增加了智能制造、云计算、大数据分析、物联网等

[①] 资料来源：德国联邦职业教育研究所（BIBB）GOVET官方文件、德国联邦教研部"职业教育4.0"倡议相关政策文件、职业教育发展研究期刊学术论文、同济大学中德人文交流研究中心研究报告、新华网等权威媒体报道，以及中国现代职业教育网、中国社会科学网等专业机构发布的研究资料等。

工业4.0核心技术的相关知识，确保学生能够掌握最前沿的技术。

2. 实践教学的强化

通过与企业合作，学生可以在真实的工作环境中学习和应用这些新技术，如操作智能机械、使用云服务进行数据分析等。

3. 软技能的培养

除了专业技能，职业教育还重视培养学生的创新思维、团队合作、问题解决等软技能，这些都是在工业4.0环境下成功所必需的。

4. 校企合作的深化

德国职业教育在校企合作方面进行了创新，例如建立联合培训中心、企业参与课程开发、提供实习名额和实训设备等。

企业参与职业教育的数字化转型过程，具体可以从以下三个方面展开。

（1）企业参与课程开发。德国企业不仅提供实习岗位，还积极参与职业教育课程的开发。这种合作模式确保了教学内容的及时更新，使之紧跟行业发展和技术进步的步伐。例如，汽车制造和机械工程领域的企业，会与职业学校共同开发涵盖最新汽车技术和智能制造技术的课程内容。

（2）提供实训设备和场所。为了使学生能够直接接触和学习最新的工业技术，德国许多企业会向职业学校提供先进的实训设备或建立联合实训中心。这样的实践机会使学生能够在学习期间就熟悉未来工作中将使用的技术和工具。

（3）定制化人才培养计划。校企合作还体现在为特定企业定制化培养计划上。企业根据自身对技能人才的具体需求，与职业学校合作开发专门的培养计划，确保学生毕业后能够快速适应企业的工作环境，减少企业的再培训成本。

（二）启示

德国职业教育与工业4.0的紧密结合，为全球职业教育提供了宝贵的经验和启示。

1. 紧密的校企合作是关键

企业的直接参与不仅可以提供实际的工作环境和最新技术的接触机会，

还能确保教育内容与行业需求同步,增加学生的就业竞争力。

2. 理论与实践相结合的重要性

职业教育不应仅限于理论知识的灌输,更应强调实践技能的培养。通过模拟实际工作场景的实训,学生能够更好地理解和掌握知识,提高解决实际问题的能力。

3. 持续更新教育内容与方法

面对快速发展的技术和不断变化的行业需求,职业教育需要不断地更新教育内容和教学方法,以适应新的发展趋势。

4. 培养学生的综合能力

除了专业技能,职业教育还应注重培养学生的创新思维、团队合作能力和终身学习能力,这些都是适应未来工作环境的重要素质。

德国职业教育系统与工业4.0的融合展现了职业教育在新技术革命面前的适应性和前瞻性,为其他国家推进职业教育数字化转型提供了有益的参考和借鉴。通过不断创新和改进,职业教育能够更好地满足经济社会发展的需求,培养出适应未来挑战的高素质技能人才。

二、新加坡的技能未来计划[1]

随着全球化和技术革新的加速,新加坡政府意识到传统的教育模式和劳动市场结构需要进行根本性的改变,以适应未来的发展趋势。技能未来计划应运而生。新加坡的技能未来(SkillsFuture)计划是2015年开始实施的一个全面的国家级倡议,旨在通过提升全民技能和终身学习来应对快速变化的全球经济环境。通过提升个人技能,增强国家竞争力,确保每个新加坡人都能在不断变化的世界中找到自己的定位和发展空间。该计划的实施不仅反映了新加坡政府对人力资源发展的长远规划,也体现了对未来技能需求的前瞻性认识。

---

[1] 资料来源:SkillsFuture Singapore. About SkillsFuture:Building Skills, Growing Careers [EB/OL]. [2025-06-06]. https://www.skillsfuture.gov.sg/aboutskillsfuture.

(一) 核心内容

1. 广泛的课程和培训

提供多样化的在线课程和面授研讨会，涵盖从基础技能到高级专业技能的各个领域，如人工智能、数字营销、数据分析、领导力培养等。

2. 政府资助和激励

为鼓励终身学习，新加坡政府为所有新加坡公民提供资助和学习补贴，包括为年满25岁及以上的公民提供技能未来补助（SkillsFuture Credit），用于支付课程费用。

3. 职业规划和指导

除了提供培训课程，技能未来计划还包括职业规划服务和职业指导，帮助公民识别自身兴趣和职业发展路径，制订个性化的学习计划。

4. 企业培训

鼓励企业参与员工的技能提升和终身学习过程，政府为参与企业提供额外的培训补贴和支持。

(二) 成效与影响

技能未来计划的实施，对新加坡社会和经济产生了深远的影响。一是广大劳动者通过参与技能未来计划，提升了自己的专业技能和综合素质，增强了就业竞争力和职业发展潜力。二是随着劳动力素质的提升，新加坡的经济结构也在逐步优化升级，特别是在高科技和服务领域的竞争力明显增强。三是技能未来计划推动了终身学习文化的发展，使学习成为新加坡社会的一种生活方式和价值追求，为国家持续发展奠定了坚实的人才基础。

技能未来计划在促进职业教育数字化转型方面的作用，体现在以下四个方面。

1. 推动技能和知识的现代化

技能未来计划鼓励终身学习和技能提升，涵盖了人工智能、数字营销、数据分析等前沿领域。这些恰恰是职业教育数字化转型过程中需要重点关注和发展的领域。通过提供这些领域的课程，促进职业教育内容的更新和现代化，确保学生和职场人士能掌握最新的技术和知识。

2. 采用数字化学习资源和平台

技能未来计划大量采用在线课程和研讨会，使得学习资源更加丰富、灵活和可及。这种学习方式的推广，直接支持了职业教育的数字化转型。通过数字平台，学习者可以不受时间和地点限制地获取知识和技能，这大大提高了职业教育的效率和覆盖面。

3. 强化职业教育与行业需求的对接

技能未来计划通过与各行各业紧密合作，确保提供的技能培训与市场需求紧密对接。职业教育的数字化转型也需要与行业实际需求紧密结合，以培养市场真正需要的人才。这种校企合作模式的推广，有助于职业教育体系更快地适应经济和技术的变化。

4. 促进终身学习和个性化教育

技能未来计划强调终身学习的重要性，为学习者提供个性化的学习路径和资源，以满足不同个体的学习需求和职业发展目标。职业教育的数字化转型也致力于提供更加个性化和灵活的学习体验，利用大数据和人工智能等技术对学习过程进行个性化定制和优化。

技能未来计划不仅与新加坡职业教育的数字化转型目标一致，而且通过具体的政策和措施，为职业教育的数字化转型提供了有力的支持和示范。这种政府层面的倡议和投入帮助学习者应对未来工作环境的挑战做好了准备，也为职业教育体系的现代化和高效化铺平了道路。

（三）启示

新加坡的技能未来计划是面向未来技能需求变化的有效应对策略，其成功实施为全球提供了宝贵的经验。通过政府主导、社会各界参与的综合策略，新加坡建立了一个全面的终身学习体系，不仅提升了国民的技能水平，也促进了经济的转型升级和社会的全面进步。

对其他国家而言，新加坡的经验强调了终身学习体系建设的重要性和可行性。面对技术进步和全球化带来的挑战，每个国家都需要根据自身实际情况，制定和实施符合国情的终身学习战略，以提升国家的人力资源竞争力，实现可持续发展。

三、芬兰职业教育数字化创新[1]

芬兰长期以来被誉为教育模式的全球领导者，其教育系统的成功源于对教育质量的不懈追求和对学生个性化需求的重视。随着全球进入数字时代，芬兰认识到传统的教育模式面临挑战，需要通过引入创新技术和教学方法来适应新的学习需求和技能要求。因此，芬兰开始探索数字化教育的创新实践，旨在利用技术提高教育质量和效率，同时保持教育体系的灵活性和包容性。

（一）实施内容

芬兰职业教育的数字化创新通过游戏化学习、虚拟现实技术和增强现实技术的应用、与技术公司的紧密合作，以及个性化学习策略，为全球职业教育提供了一个成功的范例。这些实践不仅展示了如何通过创新技术和教学方法提升教育效率和学习体验，还强调了教育系统需要不断适应技术发展和行业需求变化的重要性。

1. 游戏化学习

芬兰将游戏化学习融入职业教育，通过设计与课程内容相关的游戏任务和情境，使学生在游戏中学习新知识、技能。这种学习方式提高了学生的主动性和参与度，使学习过程变得更加有趣和吸引人。

2. 虚拟现实（VR）和增强现实（AR）技术的应用

通过利用 VR 和 AR 技术，芬兰职业教育创造了沉浸式和互动式的学习环境，允许学生在模拟的实际工作场景中进行学习和实训。这种技术的应用不仅提高了学习的真实感和实用性，还大大提升了学习效率。

---

[1] 资料来源：深圳市教育科学研究院．芬兰发布《2027年教育和培训数字化政策》［EB/OL］．（2023-12-18）［2025-06-06］．http：//www.szjky.edu.cn/qkzz/gjjydt/content/post_1135502.html．

3. 与技术公司的合作

芬兰职业教育与技术公司之间的紧密合作，是数字化教育创新成功实施的关键。这种合作模式不仅为教育机构带来了最新的技术资源和专业知识，也使得教育内容和技术得以与行业发展保持同步。技术公司参与教学应用和平台的开发，确保了教学工具的实用性和前瞻性，同时也为学生提供了了解和接触未来职场技术的机会。

4. 个性化学习

利用大数据和人工智能技术实现个性化学习，是芬兰职业教育数字化创新的另一大亮点。通过分析学生的学习数据，教师可以实时了解每位学生的学习进度、习惯和能力，据此提供个性化的学习资源、辅导和反馈。这种个性化的学习方式不仅能够满足不同学习者的需求，还能够最大化激发学生的学习潜能，提高学习的效率和成效。此外，个性化学习也支持了终身学习的理念，鼓励学生根据自己的职业发展需求，持续学习和提升自我。

(二) 启示

通过数字化教育，芬兰进一步促进了教育的公平性和包容性。无论学生身在何地，他们都能够通过网络接触到高质量的教育资源。此外，个性化学习确保了每位学生都能根据自己的学习节奏和能力获得相应的支持，这种教育模式的灵活性和包容性为所有学生提供了成功的机会。对于其他国家和地区而言，芬兰的经验强调了五个关键因素，这些因素对于实施成功的职业教育数字化转型至关重要。

1. 政府支持与政策引导

芬兰政府对教育的强有力支持和清晰的政策方向为职业教育数字化创新提供了坚实的基础。政府不仅提供资金支持，还鼓励校企合作，创造有利于教育创新的政策环境。

2. 紧密的校企合作

企业和教育机构之间的紧密合作是实现教育内容与实际工作需求对接的关键。这种合作关系确保了学生所学习的技能和知识能够满足未来就业市场的需求。

3. 技术的积极整合

芬兰职业教育成功地将先进的数字技术融入教学实践，这不仅提升了学习体验的质量，还增强了学习的有效性。技术的积极整合需要教育者不断更新自己的技术知识和教学方法。

4. 培养终身学习的文化

芬兰教育体系鼓励终身学习的文化，认为学习是一个持续的过程。这种文化背景促使个人主动寻求学习机会，不断提升自我，适应快速变化的世界。

5. 重视学生的主体地位

将学生放在教育的中心，关注他们的需求和个性化发展，是芬兰教育体系的另一大特点。通过个性化学习路径和支持，每位学生都能在自己的速度和兴趣引导下学习，最大化激发其潜能。

通过对芬兰职业教育数字化创新的分析，我们可以看到，成功的职业教育数字化转型不仅需要先进的技术和教学方法，更重要的是需要一个全社会共同参与的生态系统，包括政府、教育机构、企业和学生本身。这样一个生态系统能够提供持续的支持、资源和激励，共同推动教育创新和发展。芬兰的实践为全球职业教育提供了宝贵的经验和启示，显示了在快速发展的数字时代，通过创新和合作，如何有效地培养适应未来社会需要的技能人才。对于其他国家而言，虽然每个国家的具体情况和挑战可能不同，但芬兰的成功经验提供了一个值得学习和借鉴的范例。

四、澳大利亚的在线职业教育平台[①]

随着全球经济的快速发展和技术革新，职业教育的重要性日益增加。作

[①] 资料来源：澳大利亚技能质量署（ASQA）在线学习官方指导文件、澳大利亚国家职业教育研究中心（NCVER）研究报告、澳大利亚联邦政府教育部在线教育政策文件、澳大利亚政府Training.gov.au 和 Your Career 等官方平台资料、中国教育在线、中国教育信息化网等权威媒体关于澳大利亚职业教育数字化转型的专业报道，以及澳际教育、睿泰集团等教育机构发布的澳大利亚在线职业教育实践案例等。

为一个地广人稀的国家,澳大利亚面临着将高质量教育资源扩展到偏远地区的挑战。同时,对于在职人员而言,提高自身技能以适应职场变化的需求也促使教育体系必须提供更加灵活和个性化的学习方案。基于这些背景,澳大利亚政府和教育机构开始积极探索在线职业教育平台,以提高教育的可及性、灵活性和实用性。

21世纪初期,随着网络技术的普及,澳大利亚的一些大学和职业教育机构开始尝试将课程资料和教学活动搬到网上,开设在线课程。2010年以来,随着云计算、移动学习、视频会议技术等的发展,澳大利亚的在线教育平台开始提供更加丰富和灵活的在线学习体验,包括同步远程课堂、互动讨论组、虚拟实验室等。近年来,澳大利亚在线职业教育的需求和实施进一步加速。新冠疫情推动了远程工作和在线学习的普及,许多教育机构加大了在线教育平台的投资和建设力度,以适应这一变化。政府和教育部门也推出了一系列政策和措施,支持在线教育资源的开发和分享,确保学生即使在疫情期间也能继续接受教育。

(一)实施内容

1. 在线课程开发

开发涵盖各个职业领域的在线课程,包括但不限于商业管理、信息技术、健康护理等。随着数字技术的迅猛发展,特别是大数据、人工智能等技术的应用,在线课程开发能够更精准地匹配学习者的需求和偏好,实现更高效的个性化学习体验。这种教育模式的灵活性不限于学习时间和地点的自由选择,更体现在课程内容的个性化选择和学习路径的自我调节上。学习者可以根据自己的职业规划和兴趣爱好,选择最适合自己的课程,甚至在多个领域之间自由转换,以适应职业生涯的变化和发展。

2. 技术平台建设

技术平台建设是在线职业教育体系中的重要组成部分,它通过建立稳定高效的在线学习管理系统和整合视频会议工具、在线讨论板、互动模拟工具等现代化教学技术,极大地丰富了教育资源的形式和内容,为学习者提供了一个多元化、互动性强的学习环境。这种技术平台不仅支持学习者随时随地进行学习，还使得教育过程更加个性化和灵活，学习者可以根据自己的需要选择最合适的学习资源和学习路径。同时，借助这些先进工具，学习的互动性和实践性得到了显著提升，学习者可以在虚拟环境中与教师和同学进行实时交流，参与到更接近真实工作场景的模拟训练中，从而更有效地掌握知识和技能，提高学习效率和质量。

3. 学习资源共享

通过在线职业教育平台的广泛应用，高质量的学习资源得以跨越地理和时间的限制，被广泛分享给所有学生。这些资源包括但不限于详尽的讲座视频、全面的电子教材、深入的案例研究等，它们为学习者提供了丰富的知识和信息，支撑学习者从基础理论到实践应用的全面学习。在线平台的这一功能确保了每位学生无论身处何地，都能享受到相同质量的教育资源和学习体验。此外，资源共享也促进了教学内容的更新和优化，教师和教育机构可以实时地添加最新的学习材料和案例，保持教育内容的前沿性和实用性。通过学习资源共享，在线职业教育不仅打破了时空的界限，还极大地提升了教育的效率和质量，为学习者的职业发展和终身学习奠定了坚实的基础。

4. 在线评估与反馈

在线职业教育平台通过引入自动化测试、项目作业等多种评估方法，有效地监控和评价学习者的学习进展和成效。这种评估不仅关注学习者对知识的掌握程度，更注重对其分析、解决问题能力的考查，以及在实际工作中应用所学知识和技能的能力。更为重要的是，基于评估结果，系统能够提供针对性和个性化的反馈，为学习者指出学习中的不足之处，推荐合适的学习资源或调整学习计划。这种及时、具体的反馈对于指导学生如何有效地改进学习方法、提高学习效率具有重要意义。通过在线评估与反馈机制的实施，学习者能够更加清晰地认识到自己的学习状况。同时，教师也能够根据评估结果调整教学策略，实现教学内容和方法的优化，从而大大提升了在线职业教育的质量和效果。

（二）实施现状与特点

1. 广泛覆盖

在线职业教育平台通过其无处不在的网络访问能力，确保了无论学生身处何地，都能够平等地获取到优质的教育资源。这种覆盖广泛性对于澳大利亚这样地域广阔的国家至关重要，有效解决了偏远地区教育资源短缺的问题，为促进教育公平作出了重要贡献。

2. 灵活多样的学习方式

在线职业教育平台提供了前所未有的学习灵活性，允许学生根据自己的生活节奏和学习习惯自主安排学习时间和进度。这种个性化学习方式不仅适应了多样化学习需求，还有助于提高学习效率和学习成效，特别是对于那些需要平衡工作和学习的成年学习者来说，灵活性是他们选择在线职业教育平台的重要原因之一。

3. 紧密结合职场需求

澳大利亚在线职业教育平台在课程设计上紧跟行业发展和职场需求，确保所提供的知识和技能是市场上所急需的。这种紧密结合实际工作需求的课程设置，大大增加了学习者毕业后的就业机会，提高了教育投资的回报率，同时也为行业输送了大量合格的专业人才。

4. 高度互动

借助视频会议、在线讨论板、互动模拟工具等现代化教学技术，澳大利亚在线职业教育平台极大地提升了学习的互动性和参与度。学生不仅可以在虚拟环境中与教师进行实时互动，还可以与来自不同地区的同学进行交流和合作，这种高度的互动性不仅使学习过程更加生动有趣，也促进了知识的深入理解和技能的有效掌握。

总而言之，澳大利亚在线职业教育平台通过其广泛的覆盖范围、灵活多样的学习方式、紧密结合职场需求的课程内容以及高度的互动性，已成为职业教育领域的一个重要创新模式，为学习者提供了一个高效、便捷、实用的学习平台，有效地促进了个人职业发展和终身学习的目标。

(三) 启示

澳大利亚在线职业教育平台的成功经验为其他国家职业教育数字化转型提供了宝贵的启示，具体体现在以下五个方面：

1. 重视基础设施建设

为了实现有效的在线职业教育，必须先有稳定而强大的技术基础设施支撑。这包括高速的互联网连接、可靠的学习管理系统，以及支持高互动性教学的工具和平台。世界各国应投资于这些基础设施的建设和升级，为在线职业教育创造必要的技术条件。

2. 发展高质量的在线课程

在线职业教育的核心在于其提供的课程内容。高质量的在线课程应紧贴行业需求，结合理论与实践，使学习者能够获得即时且实用的知识技能。世界各国应鼓励教育机构与行业紧密合作，共同开发符合当前市场需求的在线职业教育课程。

3. 促进学习的个性化和灵活性

在线职业教育使得学习时间和地点变得灵活，满足了不同学习者的个性化需求。各国应通过提供多样化的学习路径和资源，支持自主学习，鼓励学习者根据自己的兴趣、需求和进度制定个性化的学习计划。

4. 增强学习的互动性和社群感

尽管在线学习可能会让人感觉孤立，但通过建立在线学习社区、鼓励同伴交流和团队合作项目等方式，可以有效提高学习的互动性和学习者之间的联系。各国可以借鉴澳大利亚在这方面的做法，利用社交媒体、讨论板等工具，促进学习者之间的交流和合作。

5. 实施有效的在线评估和反馈机制

在线职业教育的另一个关键因素是如何有效评估学习者的学习成果并提供及时反馈。各国应开发和采用多样化的评估工具和方法，包括自动化测试、项目作业、同行评审等，确保评估的全面性和公正性，同时为学习者提供建设性的反馈。

澳大利亚在线职业教育平台的实践经验向世界展示了在线职业教育的巨大潜力和多方面的好处，为其他国家在规划和实施自己的职业教育数字化转型策略时提供了宝贵的参考。通过借鉴澳大利亚的成功经验，并结合自身国情创新实践，各国完全有能力推动职业教育向更高效、更公平、更灵活的方向发展。

五、国际经验对我国的启示

上述国家在职业教育数字化转型方面的成功经验，为我国职业教育的数字化发展提供了重要启示。结合这些国际经验和我国职业教育的实际情况，可以提炼出以下五点启示：

（一）强化产教融合，深化校企合作

德国双元制教育系统展示了校企合作在职业教育中的巨大价值。我国在推动产教融合、深化校企合作方面还有很大的发展空间。企业不仅可以参与课程的开发，提供先进的技术和设备，还可以提供实际工作中的问题作为学习案例，使学生能够在学习过程中解决真实的工作挑战。此外，企业还可以提供实习和就业机会，帮助学生更好地过渡到职场，提高学生的职业技能和就业竞争力。

（二）推进终身学习体系建设

新加坡的技能未来计划强调了终身学习的重要性。我国在推进终身学习体系建设方面，可以通过建立更加完善的政策支持体系，为职业教育毕业生及在职人员提供灵活多样的学习机会和资源。通过鼓励和支持在线学习、晚间课程、周末研讨会等多种学习形式，帮助各行各业工作者适应职业发展的快速变化。

（三）提升教育质量与个性化学习

芬兰职业教育注重提升教育质量和个性化学习，我国可以利用数字技术，如大数据、人工智能等，开发个性化学习平台和智能推荐系统，为学生提供定制化的学习内容和路径，同时通过在线评估和反馈机制，提高教育教学的

质量和效率。

(四) 扩大教育资源的可及性和灵活性

澳大利亚职业教育的在线和混合学习模式扩大了教育资源的可及性和灵活性。我国可以进一步发展远程职业教育和在线课程，尤其是在偏远地区，通过网络教育资源的共享，确保所有学生都能享受到高质量的教育资源。

(五) 加强国际交流与合作

面对全球化的教育趋势，加强国际交流与合作，引进国外的优秀教育资源和先进教育理念，对于提升我国职业教育的国际竞争力具有重要意义。同时，我国也可以通过国际合作项目，提升职业教育的品牌影响力，为学生提供更多国际化的学习和实习机会。

综上所述，借鉴国外职业教育数字化转型的成功经验，我国职业教育的数字化转型应注重产教融合、终身学习、教育质量提升、教育资源的可及性和灵活性以及国际交流与合作，以适应未来社会发展的需求，培养新时代的高素质技术技能人才。

在实施过程中，以下几点也非常重要：

(1) 创新教学模式。鼓励和支持教育机构和教师采用更加灵活和创新的教学模式，比如项目式学习、翻转课堂等，以提高学习的互动性和实践性。

(2) 加强师资力量建设。在职业教育数字化转型的过程中，教师扮演着至关重要的角色。加强教师的专业发展和技能培训，特别是在信息技术应用、在线教学方法等方面的培训，是提升教育质量的关键。

(3) 优化教育评价体系。构建与数字化教育相适应的评价体系，不仅要评价学生的知识掌握程度，更要关注学生的技能应用能力、创新能力和综合素质的发展。

(4) 强化信息技术基础设施建设。为了保证职业教育数字化转型的顺利进行，强化学校和教育机构的信息技术基础设施建设是基础工作，包括提高网络接入速度、增加数字学习资源、提高平台的可用性等。

(5) 保障教育公平。在推进职业教育数字化转型的同时，要特别注意保障教育公平，确保每位学生，特别是来自偏远地区和经济条件较差家庭的学生，都能够平等地享受到高质量的教育资源和机会。

通过借鉴国际上的成功经验，并结合我国的实际情况，我国职业教育的数字化转型有望实现质的飞跃，为经济社会发展培养出更多高技能、高素质的专业人才。这不仅需要政府、教育机构、企业和社会各界的共同努力，也需要每位教育工作者和学生积极参与和适应新的学习方式，共同推动我国职业教育向更高水平发展。

第二节　国内职业院校数字化转型典型案例与实践

一、北京信息职业技术学院数字化转型实践与分析[①]

为积极响应国家教育数字化战略，北京信息职业技术学院（以下简称"北信"）持续推进全方位数字化转型。作为北京市属重点高职院校和"双高计划"建设单位，北信凭借深厚的信息技术基础、成熟的产教融合体系和创新治理能力，逐步形成了以"技术驱动、平台支撑、数据赋能"为核心的发展路径，成为全国职业教育数字化改革的重要样板。

（一）实施背景

北信创办于1954年，专业布局以电子信息类为核心，紧贴北京市战略性新兴产业布局。学校现有350亩校区、总资产超10亿元，教学设备总值达3.86亿元，设有46个校内实训基地和420个校外实践点。师资力量雄厚，建有国家级教师教学创新团队，并积极参与国家职业教育标准制定。随着《职业教育法》修订和"教育数字化战略行动"的实施，学校意识到传统教学模式与产业需求之间存在错位，亟须通过数字化手段重塑教育形态、增强治理效能、激活发展潜能。

[①] 资料来源：北京信息职业技术学院官方网站、北京市教育委员会发布的年度报告、教育部相关文件以及权威新闻报道等。

(二) 具体做法

1. 战略顶层设计

学校高度重视数字化发展的系统谋划，2021年发布《"十四五"信息化发展规划》，确立以数字技术赋能教育治理和教学改革为核心目标，构建"1234"智慧校园体系：聚焦四类应用场景（教学、管理、服务、科研），搭建统一的基础与服务体系，运行教学中心、数据中心、治理中心三大平台，融合四类网络（有线、无线、物联网、移动互联网）。通过分层设计与标准化建设，实现信息系统联动与数据统一治理，全面支撑在线教学、智能评估等关键功能。学校获评"北京市数字校园建设样板校"。

2. 教学模式重构

围绕教学数字化转型，学校推进"五改"改革——改资源、改教材、改教法、改评价、改管理，推动课程体系与教学方式深度变革。学校开发AI赋能的"金课"项目，截至2022年，建成2门国家级、16门省级在线精品课程，37门课程接入国家智慧教育平台。依托"北信在线"构建线上线下融合平台，集成课程、资源、互动功能，配建31个互动课堂和虚拟仿真实训室，构建灵活、高效的数字化教学新生态，显著提升教学质量和学习体验。

3. 技术基础升级

学校持续夯实数字化底座，2023年完成以"千兆主干+5G全覆盖+300TB数据存储"为核心的网络设施改造，实现校园网络的高带宽、低延时与强兼容。部署高强度云安全体系，构建智慧教学与管理支撑环境。数据治理方面，学校作为教育部"职教大脑"建设试点单位之一，依托AI、大数据分析等技术，构建校园数据中台，优化招生预测、教学诊断、课程推荐与行为预警等环节，实现以数据驱动决策、以智能服务师生，为智慧校园提供坚实的技术底座。

4. 专业结构优化

对接"数字产业化、产业数字化"战略，学校构建以人工智能、集成电路、信息安全为核心的专业集群，形成"专业集群+技能链+行业标准"一体化结构。课程体系兼顾技术基础与项目实践,突出前沿技术与实用技能融合。通过校企共建课程与标准,不断提升专业契合"新质生产力"的能力;设立跨专业数字模块,将 AI、物联网、数据分析等技术融入制造、设计等传统专业,实现"数字+"与"产业+"协同育人,服务北京数字经济发展。

5. 资源与生态共建

学校坚持开放共享理念,联合三六零、华大九天等企业共建课程与实训资源中心,推动教学内容与产业动态同步更新。建设 20 余个产业实验室,实施"教研训"一体化教学,提升学生实战能力与岗位适应能力。推行"入学即入职"机制,实现学训衔接。2023 年牵头成立"北京新一代信息技术产教联合体",参与 34 个行业共同体,构建标准共建、课程互通、成果共享机制,推动教育链与产业链深度融合,打造协同共生的数字教育生态。

6. 师资能力提升

学校始终将教师数字化能力建设作为推动教学改革的关键支点。学校设立教师发展中心与"教学创新实验室",系统开发数字素养与信息化教学能力课程,推动教师在理念、技术与方法上的深度融合与持续更新。2023 年全校"双师型"教师比例提升至 93%,教师到企业实践锻炼比例达 35%,实现教师"懂技术、精教学、通产业"的能力结构。校内推行"名师引领+青蓝传承+项目驱动"的成长机制,构建"培训—实践—反思—再提升"的闭环体系。通过校企联合培训、企业工程师进课堂、行业导师入校指导等举措,不断提高教师对前沿技术的理解和教学转化能力,支撑高水平专业群建设和个性化教学实践,夯实数字化转型的师资基础。

(三) 特色与创新

1. "职教大脑"试点实践

学校率先探索基于大数据的教育治理体系,通过行为轨迹分析、技能成长路径追踪、课程资源动态推荐等方式,实现精准教学和高效管理。例如,疫情期间构建的 Wi-Fi 数据预警系统成功实现"预流调"模型,显著提升疫情防控效率。

2. 资源开放与场景创新

学校建成全国首批虚拟仿真实训基地，资源总量达 12 万条，覆盖 50 个专业领域。融合 VR/AR 技术，开发"智慧工厂仿真系统""芯片设计云实训"等应用，提升学生实践沉浸感和岗位适应力。

3. 跨境共享与国际合作

依托海外 ECCAT 分校，开展以"云课堂+共建课程"为核心的"走出去"模式，与老挝万象数字学院联合培养 ICT 技术人才，探索中国职业教育标准国际化输出路径。

（四）成效与推广

1. 教学成果显著

学生在全国职业院校技能大赛中获奖数量稳居北京市前列，技能认证通过率达 86.59%，毕业生就业率超 95%，用人单位满意度达 92%。"金课"应用后，学生在线学习时长提升 38%，线下实践满意度提升 20%。

2. 社会与行业影响力持续提升

学校被授予"北京市教育信息化融合应用示范基地"，入选教育部"智慧教育典型案例"，其平台建设经验在中国数字教育大会、联合国教科文组织等会议中推广。与三六零数字安全集团共建的信息安全专业群入选国家级 A 类项目，相关资源被全国 200 多家高校采用。

3. 产业服务能效提升

学校为经开区、石景山、海淀等区域提供智能制造、网络安全等领域的技术人才支撑。服务中关村集成电路设计园技术攻关，联合申请专利 56 项，构建"产学研用"闭环体系，助力区域产业高端转型。

（五）启示

北信的数字化转型为职业院校提供了清晰可借鉴的路径。其成功经验体现在以下四个方面。

（1）顶层设计先行。学校通过发布《"十四五"信息化发展规划》，搭建

"1234"智慧校园架构,明确统一场景、基础设施与服务体系、三大运行中心以及四网融合路径,确保数字化建设有方向、有标准、有资源统筹,形成全校共识与协同推进机制,夯实转型根基。

(2)技术融合教学。依托"北信在线"等平台,学校推动 AI、虚拟仿真、大数据等新技术全面嵌入课程开发、课堂教学、教学评价等环节,实现从"用数字化工具"向"以数据驱动教学"的转变,打造真正技术赋能的教学全过程。

(3)生态协同共建。与三六零、华大九天等头部企业共建课程与资源中心、产业实验室,实行"入学即入职"的协同育人机制,并牵头发起"北京新一代信息技术产教联合体",促进教育链、人才链与产业链无缝衔接、资源共建共享。

(4)治理能力提升。作为"职教大脑"试点单位,学校以数据平台为支撑,推动招生、教学、质量评估等管理流程数字化重构,通过 AI 技术实现精准化决策、智能化服务,显著提升学校内部治理效能与响应能力。

二、浙江建设职业技术学院数字化转型实践与分析[1]

在当今信息化时代,数字化转型已成为推动各行各业发展的关键动力。教育领域,尤其是职业院校,面临着提升教育质量、优化管理流程的双重挑战。浙江建设职业技术学院(以下简称"浙江建院")通过一系列创新举措,成功实现了数字化转型,为职业教育的现代化发展提供了宝贵经验。

浙江建院在数字化转型的征程中,明确以"治理、数据、资源、服务"为核心关键词,致力于通过信息技术的深度应用,全面提升学院的管理服务水平和教学质量。这一转型不仅是对现有教育模式的优化,更是对未来教育趋势的积极响应。

2023 年 11 月,教育部教育管理信息中心公布《2022—2023 年数字化赋

---

[1] 中国教育报:浙江建设职业技术学院创新数据治理方式建设智慧校园———一所职业院校的"智慧化"改革路 [EB/OL].(2023-06-05)[2025-03-06]. http://jyz.zj.gov.cn/2023/6/5/art_1532836_58940257.html.

能教育管理信息化建设与应用典型案例》评选结果，浙江建院案例《数字孪生赋能　打造未来校园教育教学融合样板》成功入选。全国共评选出典型案例126项，其中高等职业院校案例25项，浙江建院是本次入选的浙江省唯一的高职院校。

近年来，浙江建院以数字化赋能职业教育为抓手，强化信息技术、数字化对专业建设、人才培养、教育管理与评价等的支撑作用。紧抓教育数字化发展机遇，积极探索数字化应用及专业数字化转型之路，寻找数字化与教育信息化建设的契合点，建立了大数据中心，支撑各项业务系统的平稳运行，推动数字化与教学、科研、管理、服务深度融合。

（一）转型策略与实施

1. 破解底层堵点：创新构建数据治理体系

在数字化转型的初期，浙江建院通过深入的调查和分析，识别出了一系列影响效率和服务质量的底层问题。为了解决这些问题，学院采取了以用户需求为导向的策略，通过校企合作和自主研发，建立了一套全新的数据治理体系。这一体系的核心是"四全"数据治理模式，包括"三张清单"和"四库两平台"，旨在实现数据的标准化、一体化管理和高效利用。

2. 瞄准"零跑腿"：打造服务大厅和智能应用

为了进一步提升服务效率，浙江建院开发了智慧社区App，将学生和教职工的日常生活、学习和工作需求集成于一体。通过这一平台，学院实现了校务服务事项的线上化，极大地方便了师生的日常生活和学术活动。此外，学院还对现有的管理系统进行了优化，建立了一站式网上综合服务大厅，实现了高频服务事项的全流程在线办理。

3. 聚焦数融产教：推进融合的数字化应用转型

浙江建院的数字化转型不仅仅局限于管理服务层面，更深入到了教学实践和产教融合中。学院通过整合校务管理、日常教学、行业企业资源、师生成长和数据共享等多个方面，推动了教育教学资源的数字化转型。学院开发的建筑工程识图能力实训评价系统等专业软件，不仅提升了教学质量，也为行业企业提供了高素质的人才。

在教学方面，浙江建院的数字化转型展现了其深度和广度。学院不仅关注于提升教学质量和效率，还致力于将教学内容与行业需求紧密结合，实现产教融合。

（1）智慧课堂与教学资源的数字化。浙江建院通过引入智慧课堂系统，实现了教学活动的数字化管理。教师可以利用这一平台进行课程的在线直播、互动讨论、随堂测验和作业批改，极大地提高了教学的互动性和学生的学习积极性。此外，学院还建立了专业资源库平台，收集和整理了大量的教学资源，包括电子教材、视频教程、在线模拟实验等，为师生提供了丰富的学习材料。

（2）建筑工程识图能力实训评价系统的开发与应用。建筑工程识图能力实训评价系统是浙江建院数字化转型的一个亮点。该系统针对建筑类专业学生的核心技能——识图能力，进行了深入的数字化开发。系统将识图能力细化为300多个知识点，并通过引入典型工程案例和绘制图纸，实现了学生自主训练、测试和评价的闭环。这一系统的实施，不仅提高了学生识图能力的培养效率，也为教师提供了便捷的教学工具。

（3）产教融合的深化。浙江建院的数字化转型还体现在产教融合的深化上。学院与行业企业合作，共同开发了符合行业需求的教学软件和实训平台。这些平台不仅为学生提供了接近真实工作环境的学习场景，也为教师提供了与行业专家交流合作的机会。通过这种方式，学院成功地将教学内容与行业最新发展动态相结合，培养出更加符合市场需求的高素质技术技能人才。

（4）教学成果的持续优化。随着数字化教学资源的不断丰富和教学方法的不断创新，浙江建院的教学成果得到了持续优化。学生的学习体验得到了显著提升，教师的教学负担得到了有效减轻。更重要的是，学院的教学质量和学生的就业竞争力都得到了显著增强。

总体而言，浙江建院在教学方面的数字化转型，不仅提升了教学效率和质量，还促进了教育资源的优化配置和高效利用，为学院的长远发展奠定了坚实的基础。通过这些创新实践，学院成功地将数字化技术与职业教育深度融合，为其他教育机构提供了宝贵的经验和启示。

（二）成效与影响

浙江建院的数字化转型取得了显著的成效，不仅在管理服务上实现了"最多跑一次"，而且在教学资源的开发和利用上也取得了突破。这些成果不仅提升了学院的教育质量和服务水平，也为其他教育机构提供了宝贵的经验和启示。

通过对浙江建院数字化转型案例的分析，我们可以看到，职业院校通过深度调查、创新数据治理体系、打造智能应用和推进数字化应用转型等措施，可以有效提升教育服务效率和质量。这一转型不仅对学院自身发展具有重要意义，也为职业教育的现代化和信息化提供了新的思路和方向。

（三）启示

浙江建院的数字化转型案例为首都及其他地区的职业院校提供了丰富的启示和借鉴。

1. 以用户需求为导向的服务理念

浙江建院在转型过程中始终贯穿着以用户需求为导向的服务理念。首都职业院校在进行数字化转型时，应首先深入了解师生和行业企业的实际需求，以此为基础设计和实施数字化解决方案。这不仅能够提升用户满意度，还能够确保数字化转型的成果更加贴合实际需求，从而提高数字化转型的成功率。

2. 数据治理体系的构建

数据是数字化转型的基础。浙江建院通过建立"四全"数据治理体系，实现了数据的标准化和一体化管理。首都职业院校在进行数字化转型时，也应重视数据治理体系的建设，确保数据的准确性、安全性和高效利用。这将为学院的决策提供有力支持，同时也为教学、科研和管理工作提供坚实的数据支撑。

3. 智能化应用的开发与推广

浙江建院通过开发智慧社区 App 等智能化应用，极大地提升了师生的学习和生活体验。首都职业院校在数字化转型中，也应注重智能化应用的开发和推广。这不仅包括教学资源的数字化,还包括校园管理、学生服务等方面的智能化改造,以提高服务效率和质量。

4. 产教融合的深化

浙江建院的数字化转型紧密结合产教融合,通过与行业企业的合作,共同开发教学资源和实训平台。首都职业院校在转型过程中,也应积极探索产教融合的新模式,通过校企合作、工学结合等方式,将教学内容与行业需求紧密结合,培养符合市场需求的高素质技术技能人才。

5. 持续创新与优化

数字化转型是一个持续的过程,需要不断地创新和优化。浙江建院在转型过程中不断探索和实践,逐步完善了数字化教学体系。首都职业院校在进行数字化转型时,也应保持创新精神,持续跟踪最新的教育技术和行业动态,不断优化和升级数字化教学和管理平台,以适应教育发展的新趋势。

通过以上启示,首都及其他地区的职业院校可以在数字化转型的道路上更加明确方向,有效规避风险,实现教育质量和管理效率的双重提升,为培养新时代的技术技能人才作出更大的贡献。

三、河北软件职业学院数字化转型实践与分析[1]

在教育数字化全面提速的时代背景下,职业院校作为技术技能型人才培养的主阵地,正迎来转型升级的重要机遇期。河北软件职业技术学院(以下简称"河北软院")敏锐捕捉到这一趋势,主动应对数字时代教育变革的挑战,积极推进数字化转型,以提升办学质量和社会服务能力。

河北软院的智慧校园建设项目是在深入分析当前教育信息化发展趋势和学院自身发展需求的基础上启动的。学院领导层深知,数字化转型不仅仅是技术的更新换代,更是教育理念、教学模式、管理方式的全面革新。因此,学院决定以技术驱动和模式创新为核心,将大数据、人工智能、物联网等前

---

[1] 周洪松,李艳. 研发新技术体系提升校园管理效质服务区域发展[N]. 中国教育报,2025-06-06.

沿技术融入教育教学的各个环节，旨在构建一个互联互通、资源共享、服务协同、应用丰富的数字化教学环境。

在这一转型过程中，河北软院坚持以学生为中心，以提升教学质量和教育管理效率为目标，不断探索和实践新的教育理念和技术应用。学院的数字化转型策略涵盖了从基础设施建设到教学资源开发、从教师培训到学生能力提升、从校园管理到社会服务等多个方面，力求通过全方位的数字化改造，为师生提供一个"人人学、处处学、时时学"的智能化学习环境。

河北软院的数字化转型之旅不仅是对学院未来发展的一次积极探索，也是对职业教育如何适应数字化时代挑战的一次深刻反思。通过这一系列创新举措，河北软院不仅提升了自身的教育教学质量，也为其他职业院校的数字化转型提供了宝贵的经验和参考。

(一) 转型策略与实施

1. 数据"搭台"：构建系统化一体化服务平台

河北软院通过整合教学资源、应用和数据，构建了一个系统化、一体化的服务平台。这一平台以数据为核心，采用"1+N"的设计思想，其中"1"代表统一的数据基座，而"N"代表多样化的教管微服务应用。通过这种设计，学院实现了教学管理的集中化和数据的智能化分析，为教学决策提供了科学的数据支持。此外，该平台的空间应用为师生提供了全面的教学科研管理服务，实现了教学服务的个性化和精准化。

2. 微服务"唱戏"：构建场景化生态化应用平台

学院在数据整合的基础上，进一步拆解和移植了多种教学应用，建立了微服务平台。该平台提供了开放的数据接口和开发环境，鼓励师生、校友、企业等社会力量参与校园应用的开发。平台配置了适应各类应用场景的引擎，使得师生能够根据实际需求自行创建应用。目前，平台已经集成教学、学习、生活等60余项微服务，形成了一个开放共建的线上线下一体化教学平台，极大地丰富了校园数字化应用生态。

3. 人工智能"辅助"：构建精准化个性化教学平台

河北软院的教管一体化平台融合教育人工智能技术，整合智慧教学、在线考试、评价等功能，实现了教学活动的无缝对接。平台通过差异化教学和个性化学习，提升了教学质量和学生的学习体验。教师可以利用平台提供的智能教学助手、实时翻译、人脸识别等工具，提高教学效率，同时为学生提供个性化的学习路径和资源，促进学生的全面发展。

4. 大数据"决策"：构建常态化科学化分析评价平台

学院利用大数据分析技术，对教学过程中产生的数据进行深入分析，形成了教学画像。这一分析评价平台为学校提供了常态化、科学化的数据分析服务，帮助学校优化教学管理、提升教学质量。通过数据分析，学校能够及时发现教学中的问题和不足，制定相应的改进措施，实现教育教学的持续优化和创新。

河北软院的数字化转型案例展示了职业院校如何通过数据整合、微服务应用、人工智能辅助和大数据分析，构建一个多元化、智能化的教学新生态。这些转型策略和实施措施不仅提升了学院的教学质量和管理效率，也为其他职业院校提供了宝贵的经验和启示。随着数字化技术的不断进步和应用，未来的职业教育将更加个性化、智能化，更好地服务于学生的成长和社会的发展需求。

（二）成效与影响

河北软院的数字化转型取得了显著的成效与广泛的影响，具体体现在以下几个方面。

1. 教学模式的创新

通过数字化转型，河北软院实现了教学模式的根本变革。差异化教学和个性化学习的理念得以贯彻实施，教师能够根据学生的具体情况和需求，提供定制化的教学内容和方法。这种以学生为中心的教学模式，提高了学生的学习兴趣和效率，培养了学生的创新思维和实践能力。

2. 教育质量的提升

数字化转型使河北软院的教育质量得到了显著提升。通过智慧教学平台，教师能够实时获取学生的学习数据，及时调整教学策略，确保教学内容的有效传递。此外，数字化资源的广泛应用，尤其是虚拟仿真实训的应用，极大地提高了学生的实操能力和专业技能。

3. 管理效率的提高

河北软院的数字化转型还包括校园管理的智能化升级。通过数据"搭台"构建的系统化一体化服务平台，学校管理变得更加高效和透明。管理层能够通过大数据分析，对学校运营进行科学决策，优化资源配置，提高管理效率。

4. 学生就业竞争力的增强

河北软院的数字化转型有效提升了学生的就业竞争力。学院通过与企业的紧密合作，及时了解行业需求，调整教学内容和实训项目，确保学生所学与市场需求紧密对接。此外，学生通过接触和使用先进的数字化工具和平台，增强了自身的数字技能，为未来职场竞争打下了坚实的基础。

5. 社会服务能力的提升

河北软院的数字化转型还扩展了学院的社会服务能力。通过开放的数据接口和开发环境，学院能够与社会各界力量合作，共同开发校园应用，服务社会。同时，学院的教育资源和成果也能够通过数字化平台与社会共享，促进了教育资源的社会化利用。

6. 教育公平的促进

河北软院的数字化转型促进了教育公平。通过在线教育资源和平台，学生无论身处何地都能够接受高质量的教育，这对于偏远地区和资源不足的学生尤其重要。数字化教育资源的共享，缩小了城乡教育差距，推动了教育公平的实现。

7. 行业影响力的增强

河北软院的数字化转型提升了学院在职业教育领域的行业影响力。学院的成功实践吸引了其他院校的关注和学习，促进了职业教育领域的交流与合作。同时，学院的创新成果也为职业教育的数字化转型提供了可借鉴的模式，推动了整个行业的发展。

综上所述，河北软院的数字化转型不仅提升了学院自身的教育教学质量和管理效率，也对促进教育公平、增强学生就业竞争力、提升社会服务能力等方面产生了深远的影响。这些成效和影响为其他职业院校提供了宝贵的经验和启示，展示了数字化转型在职业教育中的重要作用和潜力。

（三）启示

国内其他省市职业院校可以从河北软院的数字化转型实践中获得以下启示。

1. 顶层设计与政策支持的重要性

河北软院的数字化转型得到了政府的高度重视和政策支持，这表明在进行数字化转型时，需要确保转型方向与国家战略相一致，并充分利用政策优势，为转型提供坚实的基础。

2. 校企合作与产教融合的深化

河北软院通过与企业的深度合作，共同探索数字化技术在职业教育中的应用，这种合作模式不仅提升了学校的数字化发展能力，也助力了人才培养质量的提升。其他省市职业院校应积极寻求与企业的合作，共同开发适应市场需求的数字化教育资源和实训平台。

3. 教育资源的共建共享

河北软院的数字化转型中，教育资源的共建共享是一个关键点。通过建立开放的数字化平台，实现了教育资源的最大化利用。其他院校应加强资源共享机制的建设，通过平台互联互通，实现教育资源的均衡分配和高效利用。

4. 教师与学生的数字素养提升

河北软院注重提升教师和学生的数字素养，这是数字化转型成功的关键因素。其他省市职业院校应重视数字素养教育，将其作为教育教学的重要内容，不断提升师生的数字化应用能力和创新能力。

5. 创新教学模式与方法

河北软院通过引入虚拟仿真、人工智能等技术，创新了教学模式和方法。其他院校应积极探索新技术的应用，以提高教学的实效性和互动性，同时注重教学内容与实际工作需求的紧密结合。

6. 数据驱动的治理体系

河北软院利用大数据分析，优化了教育管理决策。其他院校应加强数据管理能力的提升，利用数据分析提升教育治理的科学性和有效性，实现精细化管理。

7. 文化育人与数字化的结合

河北软院将"数字工匠"文化与思政课程、专业课程等深度融合，形成了独特的育人模式。其他院校可以借鉴这种模式，将数字化转型与校园文化建设相结合，培养学生的数字化思维和职业素养。

8. 持续迭代与创新

河北软院的数字化转型是一个持续演进的过程，不断探索和创新是其成功的关键。其他院校在数字化转型过程中，也应保持开放的心态，不断学习最新的技术和管理经验，实现持续改进和创新。

通过这些启示，国内其他省市职业院校可以更好地规划和实施自己的数字化转型策略，不断提升教育教学质量，培养适应数字经济发展需要的高素质技术技能人才。

第五章
首都职业教育数字化转型路径探索

第一节 关键技术应用

在职业教育的数字化转型过程中,几项关键技术的应用成为推动这一变革的核心动力。人工智能、大数据、云计算技术等不仅重塑了教学和学习的方式,还极大地提升了教育系统的效率和质量。这些技术的综合应用,为个性化学习提供了可能,优化了教学资源的分配和利用,促进了教育公平,同时也为教育管理和决策提供了数据支持。通过深入探索和实践这些关键技术在职业教育中的应用,可以更好地理解它们如何促进职业教育的创新与发展,以及它们将如何塑造未来的教育景观。

一、人工智能的应用

(一)个性化学习

在职业教育的数字化转型进程中,人工智能(AI)技术的引入为个性化学习带来了革命性的变革。AI通过深度学习算法分析学生的学习行为、成绩趋势、兴趣偏好等多维数据,从而识别出每个学生的学习特点和需求。基于这些分析,AI能够推荐匹配学生个性化需求的学习资源,如视频教程、练习题、案例研究等,并调整学习路径,使之最适合学生的学习节奏和能力水平。此外,AI还能根据学生的反馈和进步情况,动态调整学习计划和内容,确保学习效率和效果最大化,真正实现因材施教。

(二)智能辅导系统

AI辅导系统在职业教育中的应用,可以极大地丰富教学手段和学习方式。通过自然语言处理(NLP)和机器学习技术,智能辅导系统能够理解学生的查询和疑问,提供即时、准确的反馈和解答。这些系统能模拟"一对一"教学场景,为学生提供个性化的辅导,帮助他们克服学习中遇到的困难。同时,智能辅导系统还能为教师提供支持,通过分析学生的学习数据,帮助教师发现学习过程中的问题点,优化教学策略,实现教学的精准干预。此外,这些系统还能够自动生成学习报告，为教师和学生提供详细的学习进展和成效分析，支撑教学决策和学习规划。

（三）评估与监测

AI技术在评估和监测学生学习过程中的应用，可以有效提高教育评价的客观性和准确性。利用数据分析和机器学习算法，AI可以对学生的学习行为、交互数据、作业提交等进行全面分析，实时监控学习进度和效果。这种评估方式不限于传统的考试和测试，还包括对学生在虚拟实训、项目作业、讨论互动中的表现进行评价。AI能够提供连续的、细粒度的学习过程数据，为教师提供深入的学生学习分析报告，帮助识别学生的学习难点、掌握程度及进步空间，从而进行有针对性的教学调整和学习指导。同时，这些评估和监测结果也能直接反馈给学生，帮助他们自我评价和调整学习策略，促进自主学习能力的提升。

二、大数据的运用

（一）数据驱动的教学决策

大数据技术的应用在教育领域日益成熟，尤其在支持教育管理者和教师做出数据驱动的教学决策方面发挥了重要作用。通过收集和分析学生的在线学习行为、成绩、反馈等数据，教育者能够深入了解学生的学习需求和偏好。例如，通过分析学生在在线平台上的互动频率、作业提交情况和测试成绩，教师可以发现课程中哪些内容学生掌握良好，哪些内容需要进一步强化。这种基于数据的洞察力能够为课程设计和教学方法实时调整提供依据，从而更加贴合学生的实际需求，提高教学效果。

1. 个性化学习路径的设计

通过综合分析学生的学习数据，教育者可以为每位学生设计个性化的学习路径。例如，对于掌握某个知识点较快的学生，系统可以推荐更高难度的学习材料或提前进入下一个学习单元；对于学习进度较慢的学生，则可以提供额外的辅导资源或复习材料，确保他们能够跟上课程进度。

2. 实时干预与支持

大数据分析还能实时监测学生的学习状态，一旦发现学生在某个环节遇到困难，即可立即提供针对性的干预和支持。这种实时干预机制不仅可以及时解决学生的学习问题，还可以避免学生因为一时的挫折感而对学习失去兴趣。

3. 课程和资源的动态优化

基于学生学习数据的分析结果，教育机构可以不断调整和优化课程内容、教学方法和学习资源。这种动态优化过程确保了教学内容始终保持最新，教学方法和学习资源始终能够满足学生的学习需求。

4. 增强学习体验

大数据不仅可以提高教学效果，还可以通过分析学习数据来优化学习平台的用户界面和交互设计，使学习体验更加流畅和愉悦。例如，通过分析学生对学习平台各个功能的使用频率，可以对平台进行重新布局，使常用功能更容易访问。

通过大数据技术的运用，教育者能够更精准地理解每位学生的学习需求和偏好，并据此做出更为有效的教学决策。这不仅提升了教学的个性化水平，也大大提高了学习效率和学习体验，为实现高质量的教育提供了强有力的技术支持。

（二）学习行为分析

大数据的运用不限于教学决策的优化，它在学习行为分析方面同样展现出巨大的潜力。通过深入挖掘和分析学生在在线学习平台上的行为数据，教育者能够获得关于学生学习习惯、偏好和挑战的深刻洞见，从而更精确地定制教学内容和方法，以适应不同学生的需求。

1. 个性化学习经验的构建

基于学习行为分析的结果，教育机构能够为每位学生构建更加个性化的学习经验。这包括为学生推荐与其学习风格和兴趣相匹配的课程内容，设置符合其学习节奏的学习任务，以及提供适合其学习水平的挑战。这种个性化的方法能够增加学习内容的相关性和吸引力，也有助于提升学生的学习动力和效率。

2. 优化学习资源的分配

通过分析哪些学习资源被学生频繁访问和使用，教育者可以对这些资源进行进一步优化和增强，同时也可以识别较少被利用的资源，并探索其背后的原因。这种对学习资源使用情况的分析有助于教育机构更有效地分配和优化学习资源，确保资源的利用达到最大化。

3. 提升互动和参与度

了解学生的学习行为还可以帮助教育者设计更加引人入胜和互动性强的学习活动。例如，如果分析发现学生更喜欢通过游戏化学习或视频教程来学习，教师可以相应地增加这类活动和资源，以提高学生的参与度和学习兴趣。

4. 促进自我反思和自我调整

将学习行为分析的结果反馈给学生本人，可以促使学生进行自我反思，了解自己的学习习惯和潜在的改进空间。这种自我认知的提高对于学生发展有效的学习策略，优化自己的学习计划具有重要作用。

通过对学习行为的深入分析和理解，教育者不仅能够提供更加个性化和高效的学习体验，还能够为学生自主学习能力的提升提供支持。随着大数据技术在教育领域应用的不断深入，这种基于数据驱动的教学和学习方法将成为未来教育发展的重要趋势。

（三）趋势预测

大数据技术的进步为教育规划和政策制定提供了前所未有的洞察力，尤其是在趋势预测方面的应用。这种预测能力不仅关乎学校的课程设置和资源配置，更涉及教育体系对未来社会需求的响应速度和精准度。

1. 教育需求的变化

通过分析历史数据和当前趋势，大数据可以帮助教育机构预测未来某些学科或专业的需求增减，从而提前做好课程规划和教师培训。例如，对 STEM（科学、技术、工程和数学）领域的持续关注可以提示教育机构增强相关课程的设置和投入。

2. 职业市场趋势

结合劳动市场数据,大数据分析可以揭示特定行业或职位的增长趋势,为学生职业规划和教育培训提供指导。这不仅帮助学生选择有前景的职业路径,也使教育机构能够调整课程内容,确保毕业生的技能与市场需求相匹配。

3. 学习模式和教育技术的演进

通过追踪学习管理系统和在线学习平台的使用数据,大数据能够预测未来学习模式的变化和新兴教育技术的发展方向。这种洞察力对于教育机构来说至关重要,因为它们需要不断地更新教育工具和方法,以提高教学效果,增强学习体验。

4. 教育政策和改革的效果评估

大数据还可以分析各种教育政策和改革措施的长期影响,为未来的政策制定提供实证依据。通过对教育改革前后的学生表现、就业率和社会适应能力等数据进行对比分析,决策者可以更准确地评估政策效果,优化教育体系的结构和功能。

5. 预防和干预措施

趋势预测还能帮助教育机构识别潜在的学生学习问题和心理健康风险,及时采取预防和干预措施。通过分析学生的在线行为、学习成绩和社交互动数据,教育者可以及早发现学生的异常行为模式,制订个性化的支持计划,帮助学生克服困难,确保他们的健康成长和学业成功。

总之,大数据的运用使得教育决策更加精准和高效,不仅能够提升教学质量,增强学习体验,还能够指导教育政策制定和资源优化配置,为教育领域带来深远的变革。随着技术的进步和数据分析能力的提升,预计未来大数据将在职业教育数字化转型中发挥更加关键的作用。

三、云计算的应用

云计算技术为职业教育的数字化转型提供了强大的基础设施和服务,使教育资源和应用更加灵活、可靠和易于访问。

(一) 无缝访问教育资源

通过云计算平台,教育机构可以将教学资源和应用部署在云端,使学生和教师能够随时随地通过互联网访问这些资源。这大大提高了教育资源的可获取性和学习的灵活性。这种无缝访问的模式不仅为学生提供了前所未有的便利,还为实现教育资源的均衡分配打开了大门。在传统教育模式下,资源往往集中在城市和发达地区的学校,而云计算使得优质教育资源可以轻松跨越地理限制,被远程和边远地区的学校访问,从而缩小教育差距,推动教育公平。

(二) 扩展性和弹性

在教育领域,学习需求经常因为学期变换、课程更新、特殊事件或突发情况而发生波动。传统的IT基础设施往往难以迅速适应这些变化,而云计算的扩展性和弹性则能够让教育机构在几分钟内增加或减少计算资源和存储空间,无须预先投资大量硬件设备。这种快速调整资源的能力,确保学生和教师始终能够获得所需的教学资源和服务,无论是在线课程的流畅播放、大型在线考试的顺利进行,还是大规模在线活动的支持。

(三) 协作和共享

云平台使得教师之间的资源共享变得前所未有的简单和高效。教师可以在云端创建、存储和管理教学材料,如课件、讲义、视频和习题集,然后轻松地与同事或整个学校共享。这种共享机制不仅节省了教师准备教学资源的时间,还有助于提升教学质量,因为教师可以利用和改进同行的优秀教学资源,而不是从零开始。云平台也极大地增强了学生之间的协作学习能力。学生可以在云端共同编辑文档、创建项目和参与讨论。这种协作方式不仅使学生能够从不同角度和思维方式中学习,还增强了他们的沟通和团队协作技能。此外,云平台还支持实时反馈和修改,使学生可以快速迭代和改进项目,提高学习成果的质量。

(四) 数据分析和个性化学习

通过云平台，教育机构可以收集和存储海量的学习数据，包括学生的在线学习行为、作业成绩、参与讨论的情况等。利用强大的数据处理能力，机构可以对这些数据进行深入分析，识别学生的学习模式、偏好和难点。这种基于数据的深入洞察，为教育者提供了更为精准和全面的学生学习情况，为个性化教学奠定了基础。

基于云计算支持的大数据分析，教育机构可以为每位学生设计个性化的学习路径和内容。例如，对于需要加强某一知识点理解的学生，系统可以自动推荐相关的学习材料和练习；对于已经掌握某个知识点的学生，系统则可以提供更高层次的挑战或进入新的学习单元。此外，教育机构还可以根据学生的学习进度和成绩动态调整学习内容和难度，确保学习计划始终符合学生的实际需求和能力水平。

(五) 成本效益

云计算模式通常基于按需付费，这意味着教育机构在前期无须投入大量的硬件设施，而是可以根据实际使用情况支付费用，从而有效降低了教育信息化的总体成本。

通过充分利用云计算技术，职业教育可以实现更高效的资源管理、更灵活的教学方式和更丰富的教育服务，为学生提供更加优质和个性化的学习体验。随着云技术的不断进步和应用，职业教育的数字化转型将迎来更加广阔的发展空间。

四、5G 技术的应用

5G 技术的应用在职业教育领域展示了其革命性的潜力，特别是在支持教学和学习的方式上带来了划时代的变革。这种最新的通信技术以其高速度和低延迟的特性，为教育行业开辟了新的可能性，使得实时视频教学和远程操作变得更加高效和实用。

(一) 高清实时视频流的传输

5G 的高带宽能力支持无缝的高清视频传输，这对于职业教育尤为关键。传统的远程教学模式常受限于视频质量和连接稳定性，但 5G 技术确保了视频教学在清晰度和流畅性上的大幅提升。通过实时互动课堂，学生即使身处偏远地区，也能享受到城市中心学校的教育资源和教学质量。

(二) 远程操作和实训

职业教育的一个核心组成部分是实训，这通常要求精确和及时的操作指导。5G 技术的低延迟特性使得远程实训成为现实。例如，医学专业学生可以在专家的远程指导下进行手术操作练习，工程专业学生可以实时控制和调试远程机器人或其他机械设备，这些都是以往其他技术难以实现的。

(三) 大规模在线教学资源的接入

5G 技术支持更多设备的连接，不局限于传统的计算机或手机，还包括各种智能设备和教学辅助工具。这使得教育资源的共享和分配更为广泛和高效，学校可以利用这一技术大规模部署在线课程和资源，极大地拓展了教学的时空界限。

(四) 智能教育应用的发展

5G 技术的实施促进了边缘计算和人工智能技术在教育领域的应用，学习管理系统、自适应学习平台和 AI 教学助手等智能应用得以实时响应和处理大量数据。这些应用可以根据学生的学习行为和需求提供个性化的学习内容和支持，优化学习路径，提高学习效率。

(五) 增强学生参与和协作

5G 技术通过支持 VR 和 AR 等沉浸式技术，为学生提供了更为丰富和互动的学习体验。学生可以通过虚拟实验室进行科学实验，或在虚拟环境中与全球的同学共同完成项目，这些体验不仅增强了学生的学习动机，也提高了教学的有效性。

总之，5G 技术在职业教育中的应用正开启一个新的教育技术革命，它能够提供高效的视频教学，支持复杂的远程操作，扩大教育资源的接入，促进智能教育应用的发展，增强学生的参与和协作，预示着教育模式和教育质量的根本性变革。

五、区块链技术的应用

区块链技术的应用在职业教育中正逐渐展示其独特的价值和潜力，尤其在提升教育记录的安全性、透明性和可靠性方面。这项技术通过其去中心化和不可篡改的特性，为职业教育带来了革命性的改进。

（一）证书验证

区块链技术能够提供一种安全、便捷且成本效益高的方式来发行和验证学历证书。传统的证书发行和验证过程常常复杂且容易受到伪造和篡改的威胁。区块链技术通过在公开透明的分布式账本中记录每份证书，确保了每一份证书的真实性和有效性。这些电子证书附带有独特的区块链标识，任何试图对证书进行篡改的行为都会被立即识别和拒绝，从而极大地增强了学习成果的透明度和可信任度。

（二）学习成果记录

区块链技术同样适用于记录学生的学习过程和成果。每一个学习活动或成果都可以被记录在区块链上，形成一个详细的学习轨迹。这不仅为学生提供了一个全面、不可篡改的学习记录档案，也便于教育机构和用人单位查验学生的学习和实训成果。此外，这种记录方式还支持跨机构的学习成果迁移和认证，为学生的终身学习和职业发展提供了强大支持。

（三）安全、透明的学习记录和成果分享平台

通过区块链构建的平台可以安全地存储和共享教育资源和学习成果，所有相关方——包括学生、教育机构、雇主及其他第三方——都可以根据需要和适当的访问权限查看这些记录。平台的这种透明性和安全性使得其特别适合于处理敏感的教育数据和促进教育公平。

（四）促进校企合作

区块链平台可以促进学校与企业之间的合作，通过确保实习和项目成果

的真实性和可验证性来提升合作效率。企业可以直接在区块链上验证潜在雇员的教育背景和技能证明，这种验证既快速又可靠，减少了传统雇佣过程中的不确定性和复杂性。

（五）终身学习档案的构建

随着终身学习成为现代职业发展的需求，区块链提供了一种有效的方法来构建和维护个人的终身学习档案。这些档案跨越不同的教育和培训机构，为个人职业发展提供了持续的支持和证明。

总体而言，区块链技术在职业教育中的应用不局限于简化和加强证书管理过程，更广泛地涉及改进教育数据管理、增强教育过程的透明性，以及支持教育资源的共享和个人学习路径的持续发展。通过这些应用，区块链技术有望成为职业教育领域中增强信任、效率和创新的关键工具。

六、物联网技术的应用

职业教育领域中，物联网（Internet of Things，IoT）技术的引入带来了诸多创新的应用，极大地提升了教学与实训的质量和效率。这项技术使得各种设备能够互联互通，从而在教育实践中创造出更为丰富和交互的学习环境。

（一）实训设备的智能化和网络化

物联网技术使实训设备智能化，这些设备通过传感器与网络连接，实时传输操作数据至云平台或直接反馈给操作者和监督者。例如，在汽车修理训练中，通过物联网技术，学生可以在模拟控制台上实时监控和诊断汽车的各种参数，如发动机温度、转速及电子系统状态，教师可以即时获取学生操作的数据，及时给予指导和反馈。这不仅提高了教学的互动性，还使得学生能够在安全的环境中试误，从而加深理解，加快技能的掌握。

（二）实时监控和控制设备操作

物联网技术允许教师和学生从任何地点实时监控实训设备的状态和操作过程。在高危的实训环境如化工生产线模拟操作中，教师能够实时监控所有设备运行状态，一旦出现异常，即可远程介入调整或停止设备运行，极大地提高了实训的安全性。此外,这种技术还支持远程教学,允许位于不同地理位置的学生共同参与到同一实训项目中。

(三) 设施使用情况的实时数据获取

物联网技术的应用还扩展到了设施管理,通过在教室、实验室等教学场所安装传感器,学校管理团队可以轻松监控这些场所的使用状况,包括环境监测(如温度、湿度)、设备使用频率及维护周期等。这些数据帮助管理团队优化资源分配,预测维护需求,并确保设施在最佳状态下支持教学活动。

(四) 教学资源的有效维护

通过物联网技术,教育机构可以实现对教学资源的智能维护。例如,对于经常使用的机械或电子设备,物联网系统可以根据设备的实际使用情况自动安排维护和更新,避免了设备故障造成的教学中断。此外,这种技术还可以帮助学校减少能源消耗和优化能源管理,例如通过智能照明和能效管理系统调整教室的光照和温度,创建更为舒适和节能的学习环境。

总体来看,物联网技术在职业教育中的应用不仅仅局限于提升教学和实训的直接效率和安全性,它的深远影响还包括优化教育资源管理、增强学习体验和推动教育模式的现代化,为职业教育培养出更适应未来技术发展的高技术技能人才。

第二节　数据驱动精准教学组织实施

随着首都职业教育数字化转型的不断深入,数据驱动的精准教学趋势显著提升了教育的质量和效率。通过深入分析,能够清晰地看到教与学变革的多个关键维度,这些变革共同作用,推动首都职业教育向着更加个性化、高效化的方向发展。

一、教与学变革趋势分析

(一) 理念上：从以教为中心转向以学为中心

在数字化转型的背景下，教育理念经历了根本性的变化。以教师为中心的传统模式逐渐向以学生为中心转变，强调个体学习差异和个性化需求的重要性。在这一理念指导下，教育活动更加注重激发学生的主动学习兴趣，通过提供定制化的学习资源和支持，鼓励学生积极探索和自我驱动学习，从而实现学生能力的全面发展。

(二) 形式上：从单向接受式转向立体多样化

随着技术的进步和教育观念的更新，教学形式也在不断创新。数据驱动的精准教学模式倡导通过多渠道、多平台的学习资源分发和互动，打破传统教室的物理和时间限制，提供更加灵活和丰富的学习体验。线上教学平台、虚拟实验室、在线讨论组等多样化的教学形式充分利用数字技术的优势，为学生提供更加立体和全方位的学习方式。

(三) 特征上：从标准化教学走向精准化教学

在过去，标准化教学占据主导地位，这种教学模式以一致的教学内容、教学方法和评价标准为所有学生提供相同的教学服务。然而，随着教育个性化需求的日益增长，标准化教学模式的局限性逐渐显现。针对这一问题，首都职业教育开始探索精准化教学，旨在通过数据驱动的方式，深入分析学生的学习能力、知识背景、学习风格和兴趣偏好，为每位学生量身定制个性化学习方案。精准化教学不仅提高了教学的有效性，而且增加了学生的学习动力，提高了学生的满意度，使每位学生都能在最适合自己的环境中获得最优的学习效果。

(四) 方法上：从传统线下教学走向混合教学

传统的线下教学，虽然有利于师生间的直接交流和即时反馈，但在资源共享、学习时间和空间上存在限制。随着信息技术的飞速发展，混合教学模式——结合线上和线下教学的优势，成为首都职业教育创新的重要方向。混合教学通过线上平台提供丰富的教学资源，支持视频教学、在线互动、虚拟实验等多种学习形式，大大扩展了学习的时空界限。同时，线下教学环节侧重于加强师生互动、实践操作和团队合作，形成线上线下互补的教学体系。这种教学方法的变革，不仅提升了教育的灵活性和可及性，也促进了学习方式的多样化和教学效果的提高。

（五）评价上：从个体经验判断走向数据诊断

传统的评价体系往往依赖于教师的个体经验和主观判断，这种方法虽然具有一定的灵活性和直观性，但不可避免地带来评价的不一致性和主观性偏差。数字化转型为评价体系的改革提供了新思路，借助大数据分析和智能算法，可以实现基于学生学习数据的客观、准确诊断。这种数据诊断不仅能全面反映学生的学习过程和结果，还能及时发现学生的学习障碍，为教师提供精准的教学调整依据。同时，数据驱动的评价体系还能提供个性化的学习反馈和发展建议，促进学生的自我反思和持续进步。

（六）工具上：从多媒体转向智能化工具赋能

随着人工智能和智能技术的快速发展，教学工具正从传统的多媒体工具逐渐转向智能化工具。这些智能化工具，如智能教学机器人和VR、AR技术等，不仅丰富了教学手段，提高了教学交互性，还能根据学生的反馈和学习进度进行智能调整，实现真正的个性化学习支持。此外，智能化教学工具还能辅助教师进行教学设计、课程管理和学生评价，大大提高教学效率和质量。

（七）关系上：身心上从"离身"走向"具身"

在数字化教育的浪潮中，教育方式的变革也在推动师生关系的转型。从传统的"离身"教学模式，即教师和学生在物理空间中的分离，转向"具身"学习，即通过数字技术实现虚拟互动和情感连接。在"具身"学习模式下，尽管师生可能不在同一个物理空间，但通过视频、即时通信、协作平台等技术手段，可以实现更加紧密和真实的互动和沟通，加深师生之间的情感联系和理解。这种模式不仅突破了时间和空间的限制，让学习更加灵活和个性化，还能增强学生的学习归属感和社会交往能力，促进学生全面发展。

二、未来教学场景中的典型模式

(一) 基于数据驱动的精准教学模式

数据驱动的精准教学模式标志着教育领域向更加个性化、科学化的方向发展。通过综合运用人工智能和大数据技术，该模式能够实现对学生学习行为、成绩趋势及知识掌握的实时监测与分析，确保每个学生的学习过程得到精确诊断、决策和评价。这一进步不仅令教师能够及时发现并解决学生的学习难题，还能根据每位学生的具体情况制订学习计划或调整教学策略，从而大幅提高教育教学的个性化水平和效率。

此外，数据驱动的精准教学模式还能为学生提供量身定制的学习反馈和指导，通过持续跟踪和量化分析学习成果，确保教学质量的持续优化和学习效果的显著提升。这种模式不仅加强了教育的客观性和科学性，还促进了学生能力的全面发展，为学生未来的成长和发展奠定了坚实的基础。在数字化浪潮推动下，数据驱动的精准教学无疑将成为推动教育创新和提升教育质量的重要力量。

(二) 基于视频资源的翻转课堂教学模式

基于视频资源的翻转课堂教学模式重新定义了传统的教学和学习过程，通过在课前让学生自主学习视频和其他材料，将课堂转变为一个深度讨论和实践的空间。这种模式鼓励学生在家中预习基础知识和概念，确保学生能够有更多的课堂时间来参与讨论、解决实际问题和进行扩展学习。教师则转变为指导者的角色，根据学生在预习阶段的表现和需求，进行个性化指导和支持，这不仅增强了学习的个性化和针对性，也提升了学生学习的积极性和自主性。

此外，翻转课堂的实施促进了学生之间及师生之间的互动交流，使学习过程更加动态，充满互动。通过对学生学习成果的即时测评和反馈，翻转教学进一步加强了学习的目标性和实效性。这种教学模式有效地培养了学生的批判性思维和问题解决技能，为学生未来在各种学习和工作场景中的成功奠定了坚实的基础。随着教育技术的不断发展和应用，翻转课堂将成为推动教育创新和提高教学效果的关键策略之一。

(三) 基于知识融合的项目教学模式

基于知识融合的项目教学模式是一种以解决实际问题为导向的教学策略，它鼓励学生将理论知识应用于实践，通过假设、设计、实施和评价的完整过程，深化对知识的理解和应用。在这一模式下，学生首先面对一个实际问题或挑战，提出假设解决方案，然后设计并执行项目来验证这些假设。这一过程不仅要求学生综合运用所学的跨学科知识，还要求他们发展项目管理、团队合作、批判性思维和创新能力。

项目教学的评价阶段是学习过程的重要组成部分，不仅包括项目结果的评估，还涵盖了对学生工作过程和团队协作的反思。这种评价方式促进了学生对自身学习过程的深入理解，帮助他们识别自己的强项和改进领域。通过基于知识融合的项目教学，学生能够在真实的情境中学习和成长，这种学习经验对于培养他们未来面对复杂问题和挑战时的应对能力具有重要意义。随着教育模式的不断创新，项目教学模式将在职业教育领域得到更广泛的应用，成为培养实用技能和综合素质的有效途径。

(四) 基于小组合作的探究教学模式

基于小组合作的探究教学模式强调学生通过团队合作来探索和解决问题，促进了学生之间的互动交流和共同学习。在这种模式下，学生被分配到不同的小组中，小组成员相互协作，共同完成一项探究任务。这种教学方式不仅能够激发学生的学习兴趣，还能培养他们的社交技能、团队合作能力和沟通能力。通过合作探究的过程，学生可以从不同的角度思考问题，共享资源和信息，增强解决问题的综合能力。

此外，基于小组合作的探究教学还强调学生之间以及学生与教师之间的有效交流。通过讨论、反馈和展示，学生可以对自己的学习成果进行自我反思，同时也能从同伴和教师那里获得宝贵的反馈，以进一步优化和改进他们的学习策略和项目成果。这种教学模式不仅促进了知识的深入理解和应用，而且通过实践活动，帮助学生发展了批判性思维和创新能力。在职业教育的数字化转型过程中，这种以探究为基础的小组合作教学模式将成为培养未来技能和综合素质的重要途径。

（五）基于网络平台的混合教学模式

基于网络平台的混合教学模式是一种将传统面对面教学与在线学习相结合的教学方式，它通过网络平台为学生提供了灵活多样的学习方式和资源。在这种模式下，学生可以通过在线课程自主学习理论知识，同时在课堂上与教师和同学进行面对面的交流和讨论，从而实现学习方式的多元化和个性化。混合教学模式的应用，不仅提高了教育资源的利用效率，还为学生创造了更加自主、灵活的学习环境，有助于激发学生的学习主动性和积极性。

此外，基于网络平台的混合教学模式还能有效促进教师教学方法的创新和教学内容的更新。教师可以利用网络平台收集最新的教学资源和信息，快速响应教育内容的变化，丰富教学手段，提高教学质量。同时，混合教学模式也便于实施学习成效的监测和评价，教师可以通过网络平台跟踪学生的学习进度，及时调整教学策略，实现精准教学和个性化指导。通过有效整合传统教学资源和网络教学资源，混合教学模式有望成为未来职业教育发展的重要方向，促进教育模式的创新和教育效果的提升。

三、精准教学的实施路径

精准教学是指在信息技术支持下，通过跟踪、记录和分析学生学习过程的数据及其产生的原因，为教师教学设计、教学决策、教学指导、个性化干预和学生的学习补救及改进提供科学依据的一种教学形式，其核心是"以测助学"。精准教学源于因材施教的思想和原则，旨在通过设计科学的测量工具和严谨的测量过程来追踪学生学习表现，为教师教学决策和学习者学习改进提供科学依据。

（一）实现"学生画像"——精准洞悉学生的学习情况

学生画像是根据学生的基础信息、学习习惯、学习偏好、学习行为和学习期待等方面的数据信息而构建出来的标签化学生模型，它能够概括出学生个体和学生群体的信息全貌，使教师可以基于大数据精准、快速地了解学生的学习习惯、学习能力、学业表现、关键需求等重要信息，准确掌握每一个教学班、每一个学生以及不同学生群体的心理状态、活跃程度、兴趣爱好、知识结构、能力水平、突出优势、短板等方面的状况，既能为每一个学生画像，也可以为特定教学班的学生整体画像，还能对同一教学班内的学生进行聚类分析，形成不同学生群体的画像，从而准确识别并区分不同学生的共性需求与差异化需求，为实施精准教学奠定坚实基础。

（二）细化教学目标——精准激发学生学习潜能

精准教学强调从两个维度精确定位每一节课的具体教学目标。

一是教学目标层次化表述。基于"学生画像"设定层次化的教学目标，对不同层次学生提出不同的学习任务与学习要求，使每一个学生都具有最适合自己实际情况的特定目标。

二是教学目标可观察和可测量。避免"了解""学会""理解""掌握"之类的目标要求。教学目标要转化为可以操作、能够检测的量化要求，让明确、具体、清晰的教学目标替代模糊、生硬的教学目标，从而更好地发挥教学目标的导向作用。

（三）聚焦教学过程——针对"学习痛点"师生共同精准研讨

借助大数据收集与分析系统，教师可以准确把握学生对知识点的理解与运用情况，发现其知识漏洞和能力缺陷，快速识别其"学习痛点"。教师能根据学生的"学习痛点"选择和确定研讨问题。"学习痛点"是学生最薄弱、最关注、最敏感、最渴望探讨的问题。基于"学习痛点"的问题进行研讨，学生注意力会高度集中，能主动参与课堂教学活动，有效地消除现有的知识漏洞和能力缺陷，激发学习活力，增强学习体验，有效发展学生思维能力。

（四）落实个性辅导——基于定量评测的精准促学

评估和测量学生的学习表现是精准教学的关键环节。利用大数据技术把教学活动和学生学习的评测结果反馈给学生与教师，帮助学生正确认识自己，让教师及时发现学生取得的进步以及存在的问题，从而采取有针对性的个性辅导措施以解决学生薄弱点问题。教师基于学习过程的大数据评测结果，为学生提供个性化、针对性的优质学习资源，满足学生差异化需求，实现个性教学资源的精准投放。

教师利用互动技术、互动平台实现多维度的师生交互、生生交互，让学生在遇到学习困难时能得到教师或同学的及时帮助，精准解决遇到的问题，顺利跨越学习障碍。

四、数字时代教师必备的七个关键能力

（一）基于网络平台的混合教研能力——支持网络研修

在数字化教学的新时代，教师必须掌握基于网络平台的混合教研能力，以适应教育技术的快速发展和教学模式的变革。这种能力不仅要求教师能够有效地利用网络资源进行教学研究和课程设计，还要能够参与网络研修，与同行交流最新的教育理念和教学方法。支持网络研修的能力，使教师能够通过线上平台进行持续的专业发展，无论是参与在线研讨会、加入教育技术的MOOC课程，还是通过社交媒体和博客分享和学习教学经验，都能够有效地拓宽教师的教研视野，促进教师的个人成长和专业提升。

此外，具备基于网络平台的混合教研能力的教师，还能够利用数字工具进行课堂教学的实时反馈和学生学习效果的评估，从而实现教学内容和方法的及时调整。通过网络研修活动，教师不仅可以获得最新的教学资源和教育信息，还能与来自不同地区和不同背景的教育工作者建立联系，形成学习共同体，共享教学资源，实现知识和经验的共享。这种基于网络平台的混合教研能力，是新时代教师适应教育信息化发展趋势、提高教学质量和效率的必备能力。

（二）基于技术工具的课堂诊断能力——支持课堂诊断

新时代教师需要掌握基于技术工具的课堂诊断能力，该能力是指利用现代技术手段，如学习管理系统、即时反馈软件等，实时监测学生的学习状况

和课堂参与度。这种课堂诊断能力，能够让教师及时发现学生的学习难点和教学中的不足，从而迅速调整教学策略，提高教学效果。通过技术工具的辅助，教师能够获得关于学生学习行为、理解程度及互动情况的详细数据，有助于构建更为精准和个性化的教学方法。

此外，掌握这种能力的教师能够更有效地与学生进行互动，创造更加积极和吸引人的学习环境。技术工具提供的实时数据不仅有助于教师了解每个学生的学习状况，还能够促进学生自我反思和自主学习。通过定期的课堂诊断，教师可以持续跟踪学生的进步，及时提供必要的辅导和支持，确保所有学生都能在学习中获得成功。

（三）基于数据诊断的精准教学能力——支持个性指导

拥有基于数据诊断的精准教学能力的教师能够通过分析学生的学习数据，如作业成绩、在线学习活动和测试结果，来实现针对每个学生的个性化教学和指导。这种能力不仅依赖于教师对数据分析工具的熟练运用，还要求教师能够深入理解数据背后的学习原理和学生心理，以便制订有效的教学策略和学习计划。精准教学使教师能够根据每位学生的学习进度、兴趣和能力水平，提供定制化的学习资源和支持，从而最大限度地提高学习效率和效果。

在个性化指导过程中，教师通过持续的数据收集和分析，不断优化教学内容和方法，使教学活动更加贴合学生的实际需求。同时，这种基于数据的教学方法也能够及时反馈学生的学习成果，帮助学生认识到自己的优点和不足，激发学习动力，促进自主学习。通过精准的数据诊断和个性化的学习指导，教师可以为每个学生提供最合适的学习路径和资源，从而更有效地促进学生的全面发展，实现教育公平和教学优质化。

（四）基于多元工具的课程研发能力——支持资源共享

掌握基于多元工具的课程研发能力是新时代教师的又一重要技能，它要求教师能够运用多样化的技术工具和数字资源，创新课程设计和教学内容。这种能力使教师能够整合不同的教学资源和平台，如开放教育资源、在线课程和虚拟实验室等，开发丰富多样的教学材料和活动。通过高质量的课程研发，教师不仅可以提高课程的吸引力和教学的有效性，还能够根据学生的不同需求和学习风格，提供更加个性化和灵活的学习体验。

此外，基于多元工具的课程研发能力还包括能够支持教学资源的共享和传播。教师可以通过网络平台和社交媒体，分享自己开发的课程材料和教学经验，与全球的教育工作者进行交流和合作。这种跨地域、跨文化的资源共享和专业互助，不仅能够丰富教师自身的教研资源库，还能够促进教育创新和教学方法的多样化。通过开放的资源共享和合作研发，教师可以更有效地应对教育挑战，提升教学质量，促进教育的全球化发展。

（五）基于网络平台的示范辐射能力——支持名师课堂

在数字化时代，教师的示范辐射能力变得尤为重要。这种能力指的是教师能够利用网络平台，如在线教育平台、视频分享网站等，进行高质量教学内容的展示和传播，成为行业内外的学习榜样。通过示范辐射，教师不仅能够展现自己的教学风格和专业能力，还能够激励和引导更多教师和学生参与到高效学习中来。名师课堂的建立，促进了教育资源的优化配置和知识的广泛传播，提升了教育的整体水平和影响力。

通过网络平台的广泛应用，名师不仅可以在本校、本区域内产生影响，更能够通过网络教学的形式，将优质的教育资源和先进的教学理念，辐射到更广泛的区域和更多的学习者中。这种基于网络平台的示范辐射能力，对于推动教育公平、促进优质教育资源的共享具有重要意义。同时，这也为教师个人的专业成长和发展提供了广阔的舞台，有助于构建开放、合作、共赢的教育生态系统。

（六）基于学科工具的融合创新能力——支持技术融合

新时代教师必须具备基于学科工具的融合创新能力，即能够熟练运用各种学科特定的技术工具和软件，将这些工具和现代教育技术融合应用于教学实践中。这种能力不仅要求教师掌握丰富的学科知识和技术技能，还需要具有创新思维，能够设计出新颖的教学活动和项目，增强学生的学习兴趣和参与度。技术与学科的深度融合，可以为学生提供更加生动、直观和互动性强的学习体验，帮助他们更好地理解复杂的学科概念和知识。

此外，基于学科工具的融合创新能力还意味着教师能够引导学生探索和应用新技术，培养学生的问题解决能力、创新能力和终身学习能力。通过实践活动、项目制学习等形式，学生可以在真实或模拟的环境中应用所学知识，解决实际问题。这种教学方式不仅能够提升学生的学科素养，还能够激发学生的创新精神，增强实践能力，为他们未来的学习和职业发展奠定坚实的基础。

（七）基于多元工具的教学评价能力——支持以评促教

教师在新时代教育中的另一项关键能力是基于多元工具的教学评价能力，即能够利用各种评价工具和方法，全面、客观地评价学生的学习过程和成果。这种能力不仅包括传统的考试和学业评价，还包括对学生参与度、创造力、协作能力等非认知能力的评价。多元化的评价方式可以为学生提供全面的反馈，帮助他们认识到自己的优点和不足，促进自我改进和成长。

此外，基于多元工具的教学评价能力还涉及利用技术手段进行数据收集和分析，如使用学习分析软件追踪学生的在线学习行为，使用电子投票系统收集学生意见，以及利用在线问卷和反馈工具收集学生和家长的反馈信息等。这些技术手段可以提高评价的效率和准确性，同时也能够促进教师反思自身的教学方法，不断优化教学设计。通过有效的教学评价，教师可以及时调整教学策略，提高教学质量，实现以评促教的目标。

第三节 数智赋能产教融合

产教融合是职业教育高质量发展的必由之路。党的二十大报告提出，"推进职普融通、产教融合、科教融汇，优化职业教育类型定位"，"推进教育数字化"。运用信息技术、大数据、人工智能技术等成为推动教育模式变革、促进教育质量提升的重要引擎。

数字化转型是具体教育场所的升级重塑，更是突破物理空间对实践中的制度规范、教育秩序、组织结构、社会关系进行现代化改造的复杂方案。以数字化或者数智化推动职业教育产教融合的组织形态转型既是技术推动教育变迁的结果，也是产教融合独特的社会场景和政府、企业、学校多主体协作变革的内生动力。❶

一、产教融合理论溯源

产教融合最早由江苏无锡市技工学校提出。该学校在提高学生实习质量的探索中，提出了"产教融合化"的概念。这一理念强调了与生产实习紧密结合的产品选择，以提升学生的质量意识、产品意识、时间观念和动手能力。对于该学校而言，"产"指的是产品，"教"指的是实习教学，并加强了系统化管理，以不断提高生产实习教学的质量。这一观念的提出旨在促进学校教学与实际生产之间的深度融合，以培养适应市场需求的高素质技能人才。❷

江苏无锡市技工学校的实践经验为产教融合提供了重要的实践基础。通过与企业的紧密合作，学校成功地将实习教学与生产实践相结合，使学生在实践中获得了更加丰富和实用的技能和知识。这种理念的提出不仅对于当时的职业教育具有重要意义，也为后来的产教融合模式的发展奠定了基础。江苏无锡市技工学校的实践表明，产教融合的核心在于将学校教学与企业实践有机结合，使教育更加贴近市场需求和实际生产，为学生的职业发展奠定坚实的基础。

二、产教融合政策的变迁

产教融合作为职业院校的基本办学模式，其概念由产生至发展、变化、丰富离不开一定的社会背景、经济社会发展基础、认识水平。总的来看，改革开放以来，伴随着我国职业教育由弱变强，产教融合政策演进过程分为以

---

❶ 贺书霞，孙超，冀涛. 数智化赋能职业教育产教融合探索 [J]. 教育与职业，2024（3）：23-28.

❷ 加强系统化管理 不断提高生产实习教学质量——江苏无锡市技工学校 [J]. 职业技能培训教学，1995（2）：14-15.

下三个阶段。

（一）探索起步阶段（1979—1990年）

在1979年原国家劳动总局颁布的《技工学校工作条例（试行）》（已废止）中，首次提出了技工学校必须与生产劳动相结合的培养目标，强调了教学应该贴近实际、以生产实习为主的理念。这一国家文件的出台，正式确立了职业教育与社会生产密切相关的关系，标志着我国职业教育产教融合政策的雏形初现。1985年的《中共中央关于教育体制改革的决定》进一步要求职业技术教育须与经济社会发展需求相适应，强调了城市和农村不同地区产业发展的特点和需求，为产教融合政策的进一步发展提供了指导方向。1986年的《技工学校工作规定》进一步明确了职业教育主体技工学校的定位和职责，强调了理论课教学与操作技能训练的紧密结合，以及实习教学任务与生产经营活动的统筹安排，初步奠定了当时条件下实现产教融合的基础。这些政策的实施标志着我国产教融合相关政策的正式启动，其主要特征包括强调与生产劳动结合、前店后厂、厂校挂钩等。

（二）体系建设与深化"结合"阶段（1991—2012年）

20世纪90年代初期，国家层面明确把"产教结合、工学结合"确立为职业教育的重要方针。《国务院关于大力发展职业技术教育的决定》（1991年）提出"大家来办"的发展思路，要求在各级政府统筹下，行业、企事业单位与社会多方联合办学，突出实践性教学与技能训练，这为多元主体参与职业教育奠定了政策基调。进入20世纪90年代中期，原国家教委在《关于推动职业大学改革与建设的几点意见》（1995年）中明确职业大学要面向地方经济建设和基层需求，从职业岗位群分析制订教学计划，推动课程与真实工作任务更紧密对接，形成以岗位能力为导向的课程改革路径。

进入21世纪，职业教育与经济社会发展"更紧密结合"的制度设计不断完善。《国务院关于大力推进职业教育改革与发展的决定》（2002年）提出构建"政府主导、依靠企业、充分发挥行业作用、社会力量积极参与"的多元办学格局，推动职业教育与劳动力市场、区域发展深度对接。《教育部关于以就业为导向深化高等职业教育改革的若干意见》（2004年）鲜明提出"以服务为宗旨、以就业为导向"，鼓励探索校企全程合作的育人模式，使人才培养环节与岗位需求链条贯通。《国务院关于大力发展职业教育的决定》（2005年）进一步把"工学结合、校企合作"上升为国家层面的人才培养模式要求，强调通过顶岗实习、半工半读等方式，推动传统课堂中心式教学向实践导向式教学转型。

为提升组织化与协同化水平，教育部在2009年前后推动集团化办学，通过组建职业教育集团促进资源共享、专业共建、顶岗实习与产学研合作，加速优质要素在区域与行业间流动。在顶层规划方面，《国家中长期教育改革和发展规划纲要（2010—2020年）》明确提出"实行工学结合、校企合作、顶岗实习的人才培养模式""制定校企合作法规，推进校企合作制度化"，并要求吸收企业参与质量评估，由此职业教育与产业协同进入规划化与标准化阶段。

配套条件建设上，2010—2012年的系列举措尤为关键：其一，《中等职业教育改革创新行动计划（2010—2012年）》以三年滚动安排部署"校企一体化办学、订单培养、共建实训基地、集团化办学"等任务，明确"2010年项目设计、2011—2012年推进建设"的时间表，推动中职层面的制度落地与条件改善；其二，教育部于2010年启动职业教育专业教学资源库建设项目，通过遴选首批国家级资源库并持续推进建设，建立中央与地方协同投入和共建共享机制，为"课程标准—教学资源—实践训练—学习评价"的数字化供给提供公共底座，支撑混合式学习与资源共用，至2012年已有部分资源库建成并通过验收。

总体而言，本阶段完成了从理念倡导到制度框架的构建，再到组织形态与资源供给的完善：以"产教结合—工学结合"为核心，形成"双证书、订单培养、顶岗实习、集团化办学"等配套制度，系统奠定了迈向"深度融合"的基础。

(三) 迈向深度融合与制度创新阶段（2013年至今）

党的十八大以来，政策话语从"产教结合、工学结合"迈向"产教深度融合",并逐步完成法律制度化。2013年,教育部在年度综合改革部署中提出"完善职业教育产教融合制度",明确从制度层面谋划校企合作、集团化办学、现代学徒制等重点任务,标志"产教融合"作为整体性概念进入政策文本。2014年,《国务院关于加快发展现代职业教育的决定》提出"到2020年,形成适应发展需求、产教深度融合、中职高职衔接、职普相互沟通"的现代职教体系,并"发挥企业重要办学主体作用",在培养模式上强调"校企合作、工学结合,强化教学—学习—实训相融合"。

2017年,《国务院办公厅关于深化产教融合的若干意见》设定"用10年左右时间形成教育和产业统筹融合、良性互动的发展格局",并要求把产教融合同步纳入区域与产业规划,在财税、用地、金融等要素配置上提供组合式政策支持,明确了企业从"参与者"走向"共建共育的关键主体"的政策导向,为后续产教融合型企业建设路径奠定了制度基础。2018年,六部门联合印发《职业学校校企合作促进办法》,以"目标原则—主体职责—合作形式—促进措施—监督检查"形成规范性制度框架,重申企业在实施职业教育中的"重要办学主体作用",为校企协同育人提供可操作依据。2019年,《国家职业教育改革实施方案》("职教20条")提出"1+X证书制度"、类型定位与"高水平高职院校和专业群"建设计划("双高计划"),标志职业教育由规模扩张转向质量提升与类型定位清晰化;同年,国家发改委、教育部印发《建设产教融合型企业实施办法(试行)》,正式提出"产教融合型企业"概念并启动建设培育工作。

在更高层级的制度保障上,2021年中办、国办印发《关于推动现代职业教育高质量发展的意见》,强调"坚持产教融合、校企合作,推动形成产教良性互动、校企优势互补的发展格局",把产教融合纳入经济社会发展与产业布局的统筹。2022年修订的《职业教育法》从法律层面确立"职业教育与普通教育具有同等重要地位"(第3条),并明确"实施职业教育应当注重产教融合,实行校企合作"(第40条),同步确立"政府统筹、行业指导、社会参与"的治理结构和多元投入机制,实现从政策倡导到法治固化的跃迁。为破解"两张皮"难题,国家发展改革委等八部门在2023年出台《职业教育产教融合赋能提升行动实施方案（2023—2025 年）》，提出"到 2025 年，国家产教融合试点城市达到 50 个左右，在全国建设培育 1 万家以上产教融合型企业"，并以要素激励与平台载体建设推动产教链、产业链、创新链、人才链的耦合共生。总体来看，本阶段的主线是：以"深度融合"为目标，以法律、规划与要素政策为抓手，完成从模式改革到生态塑型的转变。

三、产教融合典型模式

随着教育与产业的深度融合成为趋势，众多产教融合模式得以持续发展和创新。这些模式通过校企合作，对市场快速响应，不仅增强教育系统的适用性，还为企业发展提供了具有创新能力的人才和关键技术资源。每种模式都有其独特的功能和重点，但它们的共同目的在于更好地连接教育输出与市场需求，提高人才培养的效率和质量，以及加速科技成果的应用和商业化。这不仅优化了人才培养的途径，还显著推动了行业技术的前进和更新。

（一）校企联盟模式

校企联盟模式是一种深化产教融合、协同育人的有效途径，其中学校和企业共同参与教学活动，实现资源共享和优势互补。学校与企业之间的深度合作对课程开发至关重要，能够确保教学内容与工作需求高度契合，显著提升学生的职业技能。在这种合作中，企业提供实际案例、行业动态与技术趋势，使课程内容紧跟市场脉搏。企业不仅参与课程的定期更新与优化，应对技术的快速发展，还提供实习和实训机会，让学生将理论知识应用于真实的工作场景，这不仅增强了学生的实战经验，也提高了他们的就业竞争力。

企业技术专家与学校教师资源共享，通过双向师资互访和共建现代化实训基地（如实验室和研发中心），使用高端设备，降低了成本，提高了资源利用效率。校企双方还共同解决实训中的具体问题，实现教学与生产的无缝对接。

这种校企联盟模式有效解决了传统职业教育中理论与实践的脱节问题，通过真实的互动，实现资源共享与优势互补，推动教育和经济的共同进步。

该模式已成为推动职业教育现代化和高质量发展的重要手段，培养了大量符合行业需求的高技术技能人才。

（二）人才培养模式

人才培养模式在产教融合中扮演着关键角色，确保教育活动与行业需求紧密对接。校企合作共同制定的人才培养方案不仅符合当前产业的技术标准和工艺流程，还兼顾未来发展趋势，具有教学内容的前瞻性和实用性。通过整合企业的实际需求和案例，课程内容实现了理论与实践的有机结合，使学生的职业技能和解决实际问题的能力得到显著提升。同时，企业一线工人、技术人员和管理人员作为兼职教师参与教学，不仅传授专业技能，也分享实战经验，极大丰富了教学资源。

学校教师与学生一同进入企业进行实践操作，这种模式帮助教师直接把握产业需求，并及时解决学生在实践中遇到的问题，确保理论学习与实际操作的无缝对接。此外，建立了全面的反馈机制，通过定期收集来自学生、教师和企业的反馈，及时调整人才培养方案和实习安排。通过持续的教学质量评估和行业标准对比，教育内容和方法得到不断优化，提升了教育服务质量，确保培养出的人才满足甚至超越行业标准，这种多层面、全方位的合作模式有效对接了教育与产业需求。

（三）共建实体模式

共建实体模式是产教融合的一种实施方式，通过学校与企业共同投资建设实体实训基地，提供与真实工作环境类似的学习场所。这种模式有效整合了教育资源与产业实践，增强了学习的实用性和实效性。在这种模式下，基地建设包括高标准的工作站、实验室和试验场所等，设施与企业实际工作环境一致，配备先进的机械设备、计算机系统和软件工具，确保学生能接触并掌握行业的最新技术标准。教学计划由学校教师和企业技术人员共同设计，课程内容从基础理论到高级应用全覆盖，重点培养实践技能。

学生在实体基地中不仅参与理论学习，还进行实际生产操作，如机械制造、软件开发等，这种实操训练深化了技能理解，提升了实际操作能力。模拟企业工作流程的适应性训练帮助学生逐步适应未来工作环境，平稳过渡到职场。此外，实训基地设有技能评估和认证系统，完成指定课程和实操的学生可获得职业资格证书，提高就业竞争力。企业的直接参与确保教学内容与企业需求高度一致，通过实训降低培训成本，为企业选拔优秀员工提供支持。

（四）成果转化模式

成果转化模式专注于将学术研究与实际应用紧密结合，通过具体的合作项目和研发活动，实现知识与技术的快速转化。这一模式不仅提升了企业的研发能力，也显著增强了学校的教育和研究水平。在此模式下，学校教师直接参与企业的研发项目，应用最新学术研究解决实际问题，同时获得宝贵的行业经验，反哺教学内容的更新与升级。教师与企业的技能交流帮助双方形成知识与需求的双向流动，其中教师使用信息化工具，如大数据和机器学习技术分析生产数据，帮助优化生产流程，提高效率。

此外，校企合作在深度剖析企业生产问题方面发挥了重要作用，共同识别关键问题并通过科研方法提供解决方案，企业提供实际应用场景进行验证。所有研究成果如专利、新技术及改进方案均共享，学校由此提升学术地位，企业则将研究成果转化为直接的生产力。这种成果转化模式显著提升了学校的品牌影响力，增强了其教育和研究能力，有利于吸引更多企业合作和学生就读，同时企业的研发能力得到快速提升，增强了市场竞争力。

（五）技术开发模式

技术开发模式强调学校与企业在技术创新和应用研发方面的深入合作，使学校的科研能力得以实际应用并转化为企业的竞争优势。通过组建由学校科研人员和企业技术工程师共同参与的研发团队，双方共享研发设施和资源，学校提供理论支持和科研成果，企业则提供市场数据和应用反馈，从而紧密结合学术研究与市场需求。项目驱动的开发模式进一步促进了理论与实践的结合，学校师生参与实际技术开发，检验科研成果的有效性和实际应用的可行性。

这种合作模式不仅解决了企业在创新和技术开发中遇到的难题，提升了产品的技术含量和市场竞争力,还通过实际项目的参与培养了学生和教师的科研能力及问题解决能力,显著增强了学生的职业竞争力。同时,将学校的科研成果快速转化为企业的生产力,缩短了研发周期,快速响应市场变化,为学校带来经济回报和品牌声誉的提升,同时为企业带来显著的经济效益。此外,企业通过接触学校的前沿科研成果,不断刷新技术视野和创新思维,学校也通过与企业的互动获得新的研究题材和方向,推动科研工作的深入发展。这种技术开发模式有效促进了科研成果的市场化,为企业提供了持续的技术支持和创新动力,是一种高效的产教融合实施策略。

(六) 科技资源共享模式

科技资源共享模式旨在消除学校与企业之间的界限,通过资源共享与互换,有效提升双方的资源利用效率和创新能力。此模式通过双向资源流动和资源共建实施,学校利用数字化平台开放研究成果、科研文献和先进仪器投放到企业,便于其访问和应用于产品开发;反向地,企业也将生产数据和工艺技术开放给学校用于教学和研究,确保学术研究紧贴产业需求。此外,共建的研发中心和行业数据库不仅共享硬件和人力资源,还促进数据驱动的决策。

这种模式显著加速了技术创新,缩短了产品开发周期,通过实时数据共享和反馈快速优化研究方向和产品设计,极大提高了研发效率。学生在学习过程中直接应用最新产业资源和实际案例,显著提升了解决实际问题的能力,同时企业参与课程和教学过程,确保教育内容符合行业需求。科技资源共享模式不仅深化了教育与产业的融合,也为双方提供了持续的创新动力,是推动现代教育和产业发展的关键策略。

(七) 市域及行业产教融合共同体模式

1. 市域产教联合体

市域产教联合体是为响应党的二十大精神及相关政策而建立,旨在通过教育和产业的深度融合推动区域经济和教育的高质量发展。这一体制不仅依托产业园区的集聚效应,而且强调政府、产业、企业和学校四方的协同,以

"以教促产、以产助教"的模式，积极构建人才培养、创新创业的功能平台。目标是在2023—2025年，分阶段建立约150个市域产教联合体，这些联合体将基于先进制造业、现代服务业等核心产业，涵盖从中职到本科甚至研究生的教育层次，实现教育资源的优化配置和产业需求的精准对接。

为了有效实施这一计划，市域产教联合体必须满足一系列条件，包括产教资源的集聚、组织治理机制的完备性以及突破性的人才培养方式。这包括建设以实训基地和产业学院为核心的教育链和产业链紧密结合的平台，以及通过校企共建、师资共享和信息平台的建立，来提升教育的实用性和前瞻性。此外，政策保障也至关重要，如财政经费的支持、税收优惠和土地使用政策的明确，这些都是确保联合体建设顺利进行和持续发展的基础。通过这种模式，市域产教联合体不仅推动了职业教育的现代化建设，也为区域内企业的创新升级和人才培养提供了强有力的支撑，实现了教育与经济发展的双赢。2023年10月，教育部公布全国第一批市域产教联合体共28家。2024年起，教育部组织遴选的市域产教联合体将优先从省级市域产教联合体中产生。

2. 行业产教融合共同体

行业产教融合共同体是一个由行业龙头企业和高水平教育机构（包括高等学校和职业学校）共同牵头，联合行业组织、科研机构以及上下游企业共同组建的多方参与体。这种组织形态通过跨区域汇聚产教资源，有效促进产教布局的高度匹配和服务的高效对接，从而支撑整个行业的发展。共同体建设依赖牵头单位的强大影响力和资源统筹能力，其中包括中央管理企业、中国500强企业及产教融合型企业等。教育方面，参与的高水平学校和职业学校应具有与共同体行业领域相符的优势学科和特色专业群，以确保人才培养和科技攻关的质量和效率。

共同体的主要建设任务包括建立实体化运行机制，构建产教供需对接机制，并联合开展人才培养和技术攻关。通过设立领导小组（如理事会或董事会），共同体明确了组织架构和职责分工，确保了利益共享机制的公平和透明。在人才培养方面，共同体推行校企协同育人，实施委托培养、订单培养和学徒制，同时促进"双师型"教师队伍的共建共享。技术攻关则依托校企共建的研发团队和平台，直接针对行业需求进行科研和技术解决方案的开发，加速成果转化，从而推动行业技术和产品的升级改造。通过这些综合措施，行业产教融合共同体不仅提升了教育的适用性和前瞻性，也为行业提供了持续的创新动力和高质量的人才支持，显现了产教融合发展的新模式和高效策略。

四、数智赋能首都职业教育产教融合的策略

在首都职业教育的产教融合过程中，数字化技术的运用已成为推动教育和产业深度融合的关键力量。当前，我国关于数智化赋能产教融合的研究还较为欠缺。随着我国经济的快速发展，整个社会对职业教育产教融合、校企合作的关注程度日益提升。数智化发展对于扩大优质职业教育资源供给，优化职业教育资源配置，推动产教融合多主体协同发展，提高职业教育资源利用率等具有重要意义。产教融合的资源供给实质是众多异质主体在相互合作、资源共享和互惠互利中形成的共享共生的生态系统，数智化对于职业教育产教融合的生态组织优化具有重要作用。[1]

（一）探索产教融合新思路，丰富产教融合内容

在探索产教融合新思路方面，建立数智化平台成为一种关键举措。通过这样的平台，可以实现教育与产业之间的高效对接，为各方参与主体提供一个稳定的合作平台，从而进一步深化产教融合程度。这个平台不仅仅是一个信息共享的空间，更重要的是它能够促进实时的场景交互和需求响应。通过实时交流，教育机构可以更好地了解产业的需求和趋势，而产业界也能够及时了解教育领域的发展方向和人才培养需求。这种双向的信息交流和资源共享，能够确保信息与资源的供需之间高效匹配，从而实现产教融合的更高水平。

在数智化平台的支持下，产教融合的内容也得以丰富和拓展。除了传统

---

[1] 贺书霞，孙超，冀涛. 数智化赋能职业教育产教融合探索［J］. 教育与职业，2024（3）：23-28.

的资源信息共享,还可以通过平台实现更多样化和实时化的合作形式。例如,教育机构和企业可以在平台上共同开展项目合作、研发实践、技术创新等活动,以实现更深层次的产教融合。这种实时的场景交互和需求响应,能够使产教合作更加灵活和高效,为双方带来更多的合作机会和发展空间。因此,建立数智化平台不仅是探索产教融合新思路的关键举措,也是推动产教融合向更高水平发展的重要手段。

(二) 通过建立数智化平台,促进教育与产业的高效对接

建立数智化平台为促进教育与产业的高效对接提供了强有力的支持。这样的平台不仅仅是一个信息交流的媒介,更是一个能够促进各方参与主体形成稳定合作关系的平台。通过平台上的交流和合作,教育机构和产业界可以建立起更加紧密的联系和合作关系,共同探讨解决实际问题的方法和策略。这种稳定的合作关系有助于提高产教融合的深度和广度,为双方带来更多的合作机会和发展空间。

此外,数智化平台的建立也使得产教融合内容更加丰富和多样化。除了传统的资源信息共享,平台还能够实现实时的场景交互和需求响应,从而确保信息与资源的供需能够高效匹配。教育机构可以根据产业的需求和趋势调整自身的教学内容和课程设置,而产业界也能够根据教育机构提供的人才培养需求调整自身的发展方向和战略规划。这种信息与资源的高效匹配,为产教融合提供了更加坚实的基础,推动产教融合向更高水平发展。因此,通过建立数智化平台,可以促进教育与产业间的紧密对接,深化产教融合程度,实现产教双方的互利共赢。

(三) 应用数智化技术,重构产教融合共同体

利用数据库和分析工具,精确识别各方需求与资源,提升产教融合的精准度和有效性。同时,通过数智化技术建立多样化的沟通方式,加强教育机构与企业之间的互动,助力企业转型升级与人才培养的双向服务。

应用数智化技术是重构产教融合共同体的重要途径之一。通过借助数据库和分析工具,能够精准识别教育机构与产业界的需求和资源,从而提高产

教融合的准确性和成效。这种精准的需求匹配能够使双方更好地了解对方的需求和资源，有针对性地进行合作，从而实现资源的最优配置和利用，进一步促进产教融合的深度和广度。

同时，数智化技术还可以建立多样化的沟通方式，加强教育机构与企业之间的互动。通过互联网和智能化平台，教育机构和企业可以进行实时的交流和沟通，及时了解双方的动态和需求，更好地进行合作和协同。这种双向的沟通和服务有助于企业转型升级和人才培养的有效对接，使产教融合共同体更加紧密和稳固。

(四) 整合要素资源，提高数据应用能力

整合要素资源并提升数据应用能力是推动产教融合向更深层次发展的关键一环。其核心在于充分挖掘和利用数据的潜在价值。首先，通过 API 接口的开放，不同主体间的数据可以实现流通和共享，从而构建起数据应用的生态系统。这种数据流通和共享的机制有助于破除"数据孤岛"，打破信息壁垒，促进业务协同和数据价值的挖掘，进而实现产教融合的深度和广度提升。

其次，为了更好地应用数据，可以开发可视化报表和数据驱动的决策支持系统。通过可视化报表，可以直观地展现数据分析结果，使决策者更容易理解和利用数据。而数据驱动的决策支持系统则能够提供数据建模和加工能力，帮助用户进行更深入的数据分析和挖掘，从而更好地指导产教融合的决策和实践。

最后，建立全方位的数据管理系统是实现数据应用能力提升的关键步骤。这种系统以数据为核心，将不同来源的数据整合在一起，并提供完善的数据管理和处理功能，包括数据存储、清洗、分析和应用等，为产教融合提供了强大的数据支撑和管理保障，推动产教融合向更深层次发展。

通过上述策略的实施，首都职业教育产教融合将在数字化的赋能下，实现资源共享与合作共赢，更能为区域经济社会发展提供强大的人才支持和科技创新动力，构筑起产教深度融合的新生态。

第四节 未来趋势与挑战

随着数字化时代的到来,首都职业教育正处于前所未有的变革之中。这一变革不仅涉及教育技术的更新换代,更关乎教育观念的革新和教学模式的重塑。未来的职业教育发展受到多方面因素的影响,其中技术进步尤为关键。人工智能、大数据、云计算和虚拟现实等前沿技术的快速发展,为职业教育提供了前所未有的机遇,同时也带来了诸多挑战。

一、技术进步与应用趋势

(一)人工智能在首都职业教育中的应用与前景

人工智能(AI)技术在首都职业教育的应用,正开启一场教育革命。AI的融入不仅仅是技术的叠加,更是对传统教育模式的深刻改造。以下是 AI 技术在首都职业教育中应用的三个关键方向。

1. 定制化学习体验

AI 技术最显著的优势之一在于能够提供高度个性化的学习体验。通过分析学生的学习行为、成绩和反馈,AI 可以为每位学生设计符合其学习能力和习惯的定制化学习计划。这种个性化的学习方式,使得学生可以在最适合自己的节奏和方式下学习,极大地提升了学习的效率和效果。

2. 智能教学辅助

AI 的另一重要应用是作为教师的辅助工具。通过 AI 系统,教师可以获得学生学习进度的实时反馈,包括哪些知识点学生掌握得好,哪些需要进一步加强等。这使得教师可以及时调整教学计划,采用更有针对性的教学方法。此外,AI 系统还可以自动批改作业和测验,为教师节省大量的时间和精力。

3. 学习评估与监控

AI 技术在学习评估和监控方面也显示出巨大潜力。通过对学生学习数据的深度分析，AI不仅可以准确评估学生的学习成效，还能预测学生的学习趋势，及时发现学习中的问题和挑战。这种预测性评估为及时调整教学策略提供了可能，有助于提高整体的教学质量。

随着技术的不断进步和教育实践的深入探索，AI在首都职业教育中的应用将更加广泛和深入。从智能教学助手到虚拟教师，从定制化学习到智能职业规划，AI技术将在各个方面重塑职业教育的未来。然而，这一过程也伴随着技术、伦理和教育实践等方面的挑战。如何有效融合AI技术与职业教育的特点，发挥AI在促进教育公平、提高教育质量方面的作用，将是首都职业教育数字化转型过程中需要重点考虑和解决的问题。

（二）大数据：教育领域的变革力量

在数字化转型的浪潮中，大数据技术已成为推动首都职业教育创新和提升的关键工具。通过捕捉和分析海量的教育数据，大数据技术不仅能够帮助教育者获得前所未有的洞见，还能够在实际教学和管理中实现精准化、个性化的教育服务。

1. 教学和学习过程的优化

大数据技术使得教育工作者能够根据学生的学习行为、成绩变化和反馈进行深入分析，进而发现学习中的模式和规律。这种分析能够揭示学生学习过程中的关键影响因素，帮助教师有针对性地调整教学策略，设计出更符合学生需求的教学内容和方法。例如，通过分析学生在线学习平台上的互动数据，教师可以了解到哪些教学内容吸引了学生的兴趣，哪些内容需要进一步解释和强化。

2. 教育决策的数据支持

大数据分析提供了一个强大的决策支持工具，使教育管理者能够基于数据进行更为科学和合理的教育决策。通过对大量学习数据的分析，可以有效地预测教育趋势，评估教育政策和教学方法的效果，从而为教育资源的配置和优化提供依据。此外，大数据还能够帮助教育机构发现和分析学生流失的原因，制定有效的干预措施。

3. 教育质量的持续提升

大数据技术的应用还体现在对教育质量持续提升的贡献上。通过持续收集和分析学生的学习数据,教育机构可以实时监控教学质量,及时发现问题并采取改进措施。同时,大数据还可以用于评价教师的教学效果,为教师的专业发展和培训提供指导。在这一过程中,不仅学生的学习效果得到了提升,教师的教学能力也在不断进步,从而推动了整个教育系统的质量持续提升。

随着技术的不断进步和教育数据的日益丰富,大数据在首都职业教育中的应用将更加广泛和深入。未来,大数据技术有望在更多领域发挥作用,如通过情感分析了解学生的心理状态,通过社交网络分析促进学生之间的交流和协作学习,等等。然而,随着大数据应用的深化,如何保护学生隐私和数据安全,如何确保数据分析的公平性和透明性,将成为首都职业教育数字化转型过程中需要重点关注和解决的问题。

(三)云计算:重塑首都职业教育的边界

云计算技术在首都职业教育的数字化转型中扮演着至关重要的角色。它不仅改变了教育资源的存储和管理方式,更重要的是为教与学的方式带来了革命性的改变。

1. 数据存储与管理的革新

云计算提供的强大数据存储能力,使得首都职业教育机构能够高效地存储和管理海量教育资源,包括课程内容、教学视频、模拟实验软件等多种形式的教学材料。相比于传统的本地服务器存储,云存储具有成本低、扩展性强、易于维护等优势,极大地提高了教育资源管理的效率和灵活性。

2. 打破时间与空间的限制

云计算技术的应用,极大地拓宽了教育的时空边界。通过云平台,教师和学生可以随时随地访问到所需的教学资源和服务。这意味着学习活动不再局限于固定的时间和地点,学生可以根据自己的时间安排和学习需求,灵活选择学习的时间和地点,实现真正的自主学习和终身学习。

3. 促进资源共享与协作学习

云计算还促进了教育资源的共享与协作学习。通过云平台,不同学校、不同地区乃至国际的教育机构可以共享教学资源，合作开发新的教学内容和课程。此外，学生也可以通过云平台进行小组合作，共同完成项目和作业，增强学习的互动性和合作性。

4. 教育服务的多样化

借助云计算平台，首都职业教育可以提供更为多样化的教育服务。例如，云平台可以支持在线考试、远程监控、虚拟实验室等服务，不仅为学生提供了更为丰富的学习体验，也为教育管理和质量控制提供了新的手段。

随着云计算技术的不断成熟和教育政策的支持，首都职业教育的云计算应用将进一步深化和拓展。未来，我们可以预见到更加个性化、智能化的云教育服务的出现，以及云技术与AI、大数据等其他技术融合的新模式，这将进一步推动首都职业教育的质量提升和创新发展。然而，这一过程也伴随着数据安全、隐私保护等新的挑战，需要我们在享受云计算带来便利的同时，也要不断探索和完善相关的管理和保护机制。

（四）虚拟现实：未来职业教育的革命性工具

虚拟现实（VR）技术，作为首都职业教育数字化转型的前沿技术之一，正逐步展现出其在教育培训领域的独特价值和广阔前景。

1. 模拟复杂工作场景的能力

VR技术最显著的优势在于其能够精准地模拟复杂的工作环境和操作流程。对于诸如制造业、建筑业、医疗护理等需要高度专业技能的职业教育领域而言，VR技术提供了一个安全、可控的学习环境，使学生能够通过模拟实操，提前熟悉工作环境，掌握必要的操作技能。这种沉浸式的学习体验，不仅能够显著提高学习的兴趣和参与度，更能够加深学生对专业知识的理解和记忆。

2. 加速技能学习与评估的过程

除了模拟真实环境，VR技术在加速技能学习和评估过程中也显示出巨大潜力。通过VR技术，教师可以快速地评估学生在模拟环境中的操作技能，实时提供反馈和指导。与传统的技能训练相比，这种方法能够更快地帮助学生发现和纠正操作中的错误，有效地提升学习效率。

3. 未来趋势：向更高级应用的拓展

未来，随着 VR 技术的不断进步和应用场景的不断拓展，其在职业教育中的应用将更加深入和广泛。一方面，VR 技术将与 AI、大数据等技术结合，实现更加智能化和个性化的教学。例如，基于 AI 算法的 VR 教学系统能够根据学生的学习进度和反馈，自动调整教学内容和难度。另一方面，VR 技术也将应用于职业教育的更多领域，如虚拟现实在航空航天、深海探索等高风险行业的培训中的应用，将为学生提供更为广阔的学习和探索空间。

4. 应对挑战：保证技术普及与应用的质量

尽管 VR 技术在职业教育中的应用前景广阔，但其普及和应用仍面临一系列挑战，如高昂的设备成本、内容开发的复杂性及师资培训的需求等。因此，为了确保 VR 技术在首都职业教育中的有效应用，政府、教育机构和企业三方面要共同努力，助力技术设备的采购、高质量教学内容的开发以及教师技能的培训。

总之，虚拟现实技术正逐步成为首都职业教育数字化转型的重要支撑，它不仅能够提供沉浸式的学习体验，加速技能的学习和评估，更将引领职业教育进入一个全新的发展阶段。面对未来，首都职业教育需要抓住 VR 技术带来的机遇，积极应对挑战，探索更加高效、创新的教育模式。

二、教学模式的进一步演变

（一）深化混合学习模式

1. 探索混合学习的未来演变

在首都职业教育中，混合学习模式被视为一种将传统教室学习与在线学习有效结合的教学策略。随着教育技术的快速发展，混合学习在未来教育趋势中的演变将更加深入，主要体现在其对教学目标实现和满足学习需求多样性的强大潜力。未来的混合学习将不再仅仅是简单的在线与面授的结合，而是一个全面整合多种学习资源、工具和环境，以支持学习者个性化学习路径的动态系统。

2. 混合学习的个性化与互动化

技术的进步，尤其是人工智能和大数据技术的应用，将使混合学习模式变得更加个性化和互动化。利用 AI 技术，教育系统能够根据学生的学习进度、偏好和表现，自动推荐最合适的学习内容和活动，从而实现真正的个性化学习。同时，通过大数据分析，教师可以获得学生学习活动的深入洞察，以更有效地调整教学策略，满足学生的个性化需求。

此外，未来混合学习将更加注重互动性。通过集成的在线讨论平台、虚拟现实技术和互动式学习工具，学生不仅能够与教师进行实时交流，还能够与来自不同背景的同学进行深入讨论和合作学习，大大提升学习的参与度和效果。

3. 教师角色的新要求

随着混合学习模式的演变，教师的角色也将经历重大变化。未来的教师不仅是知识的传递者，而且是成为学生的设计师、导师和协作者。这要求教师不仅要掌握相关学科知识，还需要具备强大的技术能力、数据分析能力和创新教学方法的设计能力。教师需要能够设计和实施个性化学习计划，利用技术工具提高教学的互动性和参与度，同时能够通过数据分析来持续优化教学策略和学习体验。

总之，混合学习模式的深化和演变将极大地丰富首都职业教育的教学方式，为学生提供更加个性化、互动化和灵活的学习体验。这不仅需要教育技术的持续进步和创新，还需要教师角色的转变和教育管理者的支持。通过不断探索和实践，首都职业教育将能够更好地适应未来教育趋势，实现教育质量的持续提升。

(二) 推动个性化学习路径向纵深发展

随着首都职业教育数字化转型的深入，个性化学习路径的构建和实施成为教育创新的关键领域。未来的个性化学习不仅要满足学生的学习需求，更要引领学生探索未知、挖掘潜能。

1. 策略规划与实施挑战

（1）动态学习需求分析。未来的个性化学习路径需要基于对学生学习需求的动态分析，这不仅包括学科知识的掌握程度，还应包括学生的兴趣点、职业倾向以及个人学习风格。这种分析需要教育者持续地收集和更新学生数据，利用先进的分析工具进行深入挖掘和理解。

（2）灵活的学习路径设计。在策略规划阶段，教育者需要设计出既有方向性又不失灵活性的学习路径。这意味着学习路径可以根据学生的进展和反馈进行调整，允许学生在探索过程中发现新的兴趣和目标。

（3）实施过程中的指导与支持。在个性化学习路径的实施过程中，提供及时有效的指导和支持至关重要。这要求教育者不仅能够提供专业知识的指导，还要能够理解学生的个人需求，提供情感支持和职业规划建议。

2. AI 和大数据技术的应用

（1）精细化学习需求分析。AI 和大数据技术的应用，使得对学生学习需求的精细化分析成为可能。通过分析学生在学习平台上的行为数据，AI 可以识别学生的学习习惯、偏好和挑战，从而为每位学生提供定制化学习建议和资源。

（2）个性化学习路径的自动调整。利用机器学习算法，教育系统可以根据学生的学习进展和反馈自动调整学习路径。这种技术支持的动态调整机制，为学生提供了更为个性化和灵活的学习体验。

（3）实时反馈与优化。AI 和大数据技术还能够提供实时的学习反馈，帮助学生及时了解自己的学习状况，及时调整学习策略。同时，教育者也可以利用这些反馈对教学方法和学习资源进行优化。

在首都职业教育的数字化转型过程中，推动个性化学习路径向纵深发展是一个充满挑战的任务。这不仅需要教育者对教育策略进行创新性的规划和设计，还需要借助 AI 和大数据等先进技术的支持，实现对学生学习需求的精细化分析和学习路径的动态优化。通过这些努力，可以为学生提供更加丰富、深入、个性化的学习体验，帮助他们在职业教育的旅程中实现自我发现和成长。

(三) 创新实践和以项目为中心的教学方法

随着新兴技术的发展，尤其是 VR、AR 技术的进步，我们可以预见这些工具将如何与以项目为中心的学习相结合。例如，VR 和 AR 可以用来模拟现实工作环境，提供一个几乎与现实无异的实训平台。这将允许学生在一个安全和可控的环境中进行风险较高的操作，如医疗手术或高压电工作，而不会有实际的风险。

此外，新技术的应用也将促进教学方法的创新。通过 AR 和 VR，教师能够创建富有吸引力和互动性的学习材料，使复杂的概念更易于理解，技能训练更加高效。这种技术使得理论知识与实际技能的结合更加紧密，为学生提供了更加全面和深入的学习体验。

在实践中，结合理论与技能的教学方法要求教师具备跨学科知识和技术应用能力，同时也需要教育决策者和行业合作伙伴共同设计符合行业标准和需求的教学计划。在职业技能的精细化培养方面，这种教学方法的应用前景广阔，尤其是在快速变化的行业中，它能够帮助学生更好地适应未来工作环境的需求。

随着职业教育数字化转型的深入发展，探索和实施以创新实践和项目为中心的教学方法将成为提升教育质量和效率的关键策略之一。这不仅将提高学生的就业能力，而且还将为首都职业教育在国际上保持竞争力提供强大的支持。

三、应对未来挑战的策略

(一) 缩小技术更新与应用的差距

在首都职业教育的数字化转型过程中，一个不容忽视的挑战是技术更新速度与其在教育领域内应用之间存在的差距。为了缩小这一差距，需要制定和实施一系列策略，确保新技术能够快速、有效地融入教育实践。

在加强教师培训方面，要定期举办技术应用研讨会和工作坊，让教师了解最新的教育技术趋势；设立专项基金，支持教师参与技术培训课程和认证程序，提升他们的技术应用能力；鼓励教师之间的知识共享和同行指导，建立一种持续学习和共同成长的文化。

在课程开发方面，结合行业需求，开发与新技术相适应的课程，如编程、数据分析、人工智能应用等。与企业和技术供应商合作，将真实的业务案例和技术使用集成到教学中。探索以项目为基础的学习方法，使学生能够在实际项目中使用新技术，从而提高技术的实践应用能力。

在教学资源更新方面，利用云服务和5G技术，建立动态更新的教学资源库，确保教学内容与技术发展同步。采用大数据分析，评估教学资源的使用效果，及时调整和优化教学资源配置。发展开放教育资源，鼓励教育社区贡献和共享优质教学资源，促进知识的交流和传播。

通过上述策略，首都职业教育可以更好地利用新技术优化教学效果，提高学生的学习体验，同时也为教育工作者提供了持续发展的机会。这种多方面的策略将有助于构建一个灵活反应、快速进步的教育环境，为未来的职业教育培养出更具创新能力和实践技能的人才。

（二）保障数据安全与隐私

随着首都职业教育数字化进程的加快，学生数据安全和隐私保护的重要性日益凸显。众多学生信息和教学活动数据的数字化管理，尤其是云平台的广泛使用，提出了新的安全挑战。为此，确保数据安全以防止数据泄露和滥用，已成为数字化转型中的一个紧迫任务。这不仅关系到学生的个人权益，也影响教育机构的声誉和运营。

在管理层面，首都职业教育需要制定和执行明确的数据安全和隐私保护政策。这包括对数据的收集、存储、使用和共享进行严格的规范。同时，通过加强对学生和教职工的数据安全教育，提升他们的信息保护意识，以及定期进行安全审计和隐私检查，确保策略的执行力度和时效性，以适应不断变化的安全威胁。

技术方面的措施同样不容忽视。首都职业教育应利用先进加密技术保障数据传输和存储过程的安全，并部署数据防泄露和入侵检测系统来监控安全风险。此外，通过实现多因素身份认证和访问管理，确保敏感数据只对授权用户开放。与此同时，建立的数据安全应对计划和灾难恢复策略进一步强化了应对突发事件的能力，为学校和学生提供了安全稳固的数字学习环境。这些全方位的管理和技术策略，不仅保护了学生的个人隐私，还为首都职业教育数字化转型奠定了坚实的基础，确保可持续发展和教育品质的持续提升。

（三）促进教育资源均等化

在首都职业教育的数字化转型进程中，确保教育资源均等化分配是一项核心而紧迫的任务。为了实现这一目标，相关政策和技术措施的制定和实施至关重要，旨在消除因地理、经济和社会差异造成的教育不公。这不仅关乎每位学生获取知识的机会平等，也是实现教育公平和提升整个社会教育质量的关键。

从政策层面，制定包容性政策以适应不同学生的教育需求，并提供必要的资金支持和补助，以确保数字化教育资源的普遍可及。与此同时，通过与私营部门的合作和伙伴关系，为资源贫乏的地区提供必要的技术和教育支持。技术实施方面，推广低成本且功能强大的数字设备，扩展宽带和移动互联网覆盖，以及确保教育内容的广泛可访问性，均是实现资源均等化的重要途径。

综上，首都职业教育通过综合应用这些策略和措施，在一定程度上有助于缩小数字鸿沟，提升教育公平性和质量保障水平，为实现更包容的发展环境和社会稳定奠定基础。

（四）提高教学质量监控与评估水平

在首都职业教育的数字化转型中，教学质量的监控与评估显得尤为关键。面对教育形态的创新与多样化，传统的评估模式已不足以满足新形势的需求，促使教育界必须开发并采纳与数字化学习环境相适应的新评价工具和方法。这包括利用数字化工具收集学生学习数据并提供实时反馈，通过大数据分析深入理解学生的学习行为和成果，以及建立定期的教学审核机制以保证教学活动的质量和创新性。

为了更全面地评估学生的知识掌握程度和技能应用情况，首都职业教育正向开发新型评价工具和多元化评价方法方向努力。这些评价工具和方法，如在线测验、互动式作业、电子投票和模拟实训，不仅适用于数字化教学模式，也能从多角度提供教学质量反馈。此外，通过建立学习成效的综合评价系统，聚合成绩、学习进度和学习态度等多种评价指标，首都职业教育能够对学生的学习成果进行全面评价，确保评估的客观性、全面性和准确性。

有效的教学质量监控与评估机制能够确保首都职业教育数字化转型的成效，并持续提升教学水平与学生学习体验。通过引入新型评价工具和方法，首都职业教育不仅能够更好地适应数字化学习环境，还能为教育工作者和决策者提供重要的数据支持和洞见，助力教育策略的不断优化和高质量教育目标的实现。

第六章
推动首都职业教育数字化转型的政策建议

第六章 推动首都职业教育数字化转型的政策建议

本章将深入探讨推动首都职业教育数字化转型的策略和行动指南。通过对顶层设计的加强、基础设施的提升、标准体系的建立以及资金保障机制的完善，探索一条旨在全面提升首都职业教育质量和效率的数字化转型路径。实施这些政策建议不仅需要政府、教育机构和企业的紧密合作，还需要持续关注技术进步和市场需求的变化，确保职业教育能够适应未来社会的需要。随着数字化转型的深入实施，期待看到一个更加灵活、高效和创新的职业教育体系在首都乃至全国范围内逐步形成。

第一节 数字化转型的战略布局与政策支持

在本节中，将探讨数字化转型在职业教育中的战略布局与政策支持的重要性。通过加强顶层设计和政策引导、提升基础设施建设、建立标准体系以及完善资金保障机制，为职业教育数字化转型提出了一系列具体而实用的建议。这些措施旨在为职业院校、教师和学生创建一个支持性的环境，促进技术和教育的融合，提高教育质量和效率。

一、加强顶层设计和政策引导

为了确保职业教育数字化转型的成功，政府需制定一套清晰的战略框架，其中应明确转型的具体目标、实施路径以及预期的时间节点。相应的政策和措施也应随之制定，旨在为这一转型过程提供必要的指导和支持。具体到首都职业教育的数字化转型，建议根据短期、中期和长期的目标来规划策略和行动计划。这样的分阶段规划不仅展现了对未来趋势的预见性，也保证了转型过程的连贯性和可实施性。

（一）短期目标（1—2年）：夯实教师能力基础与资源平台支撑

在职业教育的数字化浪潮中，教师作为知识传递的关键，其数字技能的提升不可或缺。因此，设计和实施一项旨在全面增强教师数字技能的提升计划，是面临的首要任务。

1. 教师数字技能提升计划的策略框架

（1）全面覆盖的数字技能培训项目。

首先应设计一套全方位的数字技能培训课程体系，该体系的宗旨在于增强教师在多个关键领域的能力，包括信息技术的应用、在线教学的方法论、数字资源的开发与管理等。这套课程体系不仅包含针对初学者的基础课程，还精心准备了面向进阶学习者的高级应用课程，以确保能够满足不同层次、不同专业背景教师的需求。

其次，为了最大化发挥培训效果，建议采用混合式学习的模式，通过线上课程与线下研讨会的结合，为教师提供一个理论与实践相结合的学习环境。这种模式旨在确保教师不仅能够吸收最新的理论知识，还能在实践中磨炼和应用这些新技能，从而实现知行合一。

（2）教师数字技能认证体系的构建。

为了验证培训成果并鼓励教师持续进步，建议开发一个权威的教师数字技能认证体系。这一体系将基于教师掌握和应用数字技能的实际表现，通过严格的考试和项目评估来进行评价和认证。教师一旦通过这一认证，其结果将成为其职业发展、职位晋升乃至薪酬调整的有力证明，从而激励教师积极参与培训并致力于技能提升。

通过实施这一教师数字技能提升计划，不仅能够确保教师队伍在技术和方法论上保持最前沿，更能够通过这一过程激发教师的内在动力，推动职业教育向着更高质量、更大效益的目标稳步前进。

2. 出台支持政策和激励措施

在职业教育的数字化转型过程中，出台具有前瞻性的支持和激励措施对于激发教师积极性、提升教育质量具有不可替代的作用。

（1）激励机制的深化与实施。

首先，对于那些成功完成专业培训并获得相应认证的教师，政府和教育机构应施以明确的奖励措施。这包括但不限于奖金发放、提供学术交流的机会，以及优先参与国际合作项目。这样的措施不仅是对教师努力和成就的肯定，更是一种激励，鼓励他们持续提升自我，在数字化教学领域不断探索和

第六章　推动首都职业教育数字化转型的政策建议

进步。

此外，建议设立"数字化教学优秀教师奖"，通过定期的评选和表彰活动，对在数字化教育领域作出突出贡献的教师予以高度认可。这不仅能提升教师的社会认可度，更能增强他们的职业荣誉感和归属感，从而营造出一个积极向上、互相学习和共同进步的教育环境。

（2）持续支持体系的构建。

针对教师数字技能的持续发展，建议建立一个全方位的支持体系。该体系包括定期进行的技术更新培训、教育技术工具的试用与反馈环节等，从而确保教师能够紧跟科技发展的步伐，不断提升自身的数字教学能力。

同时，鼓励在校际、跨学科领域内开展合作，建立起一个数字技能共享平台。该平台不仅能促进教师间的经验交流和最佳实践的分享，还能为教师提供一个互相学习、共同成长的环境。

3. 建设高效协同的数字教学资源生态系统

在数字化转型加速推进的背景下，北京市职业教育围绕"四个中心"战略定位，积极对接十大高精尖产业需求，加快构建与区域发展相适应的数字教学资源体系。通过统筹谋划与多方协同，北京初步形成了以智慧平台统领、多层级资源支撑、产教融合开发为核心的资源建设格局。

截至2025年，北京已建成"1+4+N"智慧资源生态体系：以"北京职业教育智慧云平台"为统一中枢，整合30个产业领域的资源；围绕集成电路、智能网联汽车等四大领域，建设市级特色资源集群；并通过63所院校与200余家企业共建的"N"个节点，实现资源共建共享。校企合作不断深化，如"芯片封装VR实训系统"实现教学内容与企业工艺同步更新；企业投入资源开发可享150%税前抵扣，合作率由2020年35%提升至2025年72%。

在资源架构上，北京构建了国家级、市级、校级"三库联动"机制：一方面接入国家级平台资源；另一方面建立150个市级特色资源库，涵盖450个虚拟仿真实训项目；同时推动高校根据实际场景自建教学资源包，如"智能建造BIM资源"成功应用于雄安新区。

技术赋能亦成为重要支撑。依托"AI+XR"技术，北京建设"职业教育元宇宙实验室",支持多校协同项目;同时推行动态淘汰机制,每年更新30%未达标资源,保障资源质量与行业技术高度同步。

总体来看,北京已初步构建起协同高效、开放共享、持续迭代的数字资源生态体系,为教师教学与学生学习提供坚实支撑,为职业教育高质量发展注入新动能。

(二) 中期目标(3—5年):推动融合创新,构建高质量数字教育体系

在夯实基础设施和资源体系的基础上,北京市职业教育数字化转型进入深化改革与系统集成的关键阶段。未来3—5年,将以提升教育质量、优化学习体验、深化产教融合为核心任务,全面推进职业教育数字生态的融合升级。

首先,聚焦教育质量提升,通过智能化教学管理系统(LMS)与数据分析工具的深度集成,实现对学生学习过程的全过程跟踪与动态评估。借助学习轨迹分析、学习成果可视化等功能,为教师提供数据支持的教学决策依据,同时为学生生成个性化学习路径,提升学习精准度与参与度。此外,推动课程内容与行业标准、职业资格认证体系有机融合,强化"教、学、证、岗"一体化设计,使学生在数字化学习环境中获得具有现实适应性和未来导向的技能积累。

其次,进一步构建"共建共治共享"的产教融合平台。依托北京已有的"N个校企节点",拓展校企合作范围与深度,在重点产业链中共建课程体系、联合开发仿真实训项目、共建专业教学资源库。通过机制创新,推动企业在课程设计、实训指导、教学资源开发等环节深度参与,使教学内容紧贴技术前沿,学生实践能力与职业素养同步提升。

与此同时,鼓励企业开放真实项目场景,设立"数字实训工坊",推动"教室即车间、项目即课程"的深度教学改革,进一步缩短学生从学习到工作的转化周期。在此基础上,持续完善合作激励机制和成果评价体系,推动校企在资源、人才、技术等要素上实现深度融合。

通过推进上述中期目标,北京职业教育将从"数字化建设"迈向"数字化融合",为培养适应新技术、新产业、新业态的高素质技术技能人才打下坚实基础,为服务首都战略发展和国家教育强国战略提供有力支撑。

(三）长期目标（6年及以上）：构建自我进化的职业教育数字生态系统

面向未来，北京市职业教育数字化转型的长期目标，是在巩固既有成果的基础上，构建具备持续创新能力和技术适应力的教育系统，推动职业教育从"数字化融合"迈向"智能化引领"和"国际化输出"，实现真正意义上的教育现代化与可持续发展。

首先，建立面向未来的教育技术创新机制。依托首都科技与人才资源优势，设立"职业教育数字化创新中心"，作为集前沿技术探索、教育实验孵化、行业协同研发于一体的战略枢纽。该中心将聚焦人工智能、区块链、沉浸式交互、大模型等新兴技术在教育场景中的深度融合应用，持续输出面向未来的教学模式、评价机制和学习空间设计方案。同时，推动形成"政—产—学—研"联动机制，构建跨界协作的开放式创新网络，实现教育内容、技术工具与产业需求之间的动态协同。

其次，培养具有全球视野与系统思维的复合型技术技能人才。鼓励职业院校与高等院校、研究机构、国际组织之间建立长期合作机制，联合开发跨学科、跨专业的人才培养方案，形成"技术+创新+人文"融合发展的教育理念。注重学生在复杂场景下的问题解决能力、系统设计能力与创新实践能力的培育，推动人才从"适岗"迈向"领创"，为国家战略新兴产业和未来社会发展提供持续动能。

职业教育的数字化转型将不仅是一次技术应用的跃升，更是一次教育体系自我进化能力的构建。通过构建具有自更新机制的数字教育生态，北京将在服务国家教育强国战略和全球教育合作中发挥引领示范作用，为世界职业教育发展提供中国方案、北京样本。

二、提升基础设施建设水平

北京市职业教育数字化转型坚持"智慧底座+应用生态"双轮驱动，围绕网络设施、算力支撑与平台服务三大关键环节，打造覆盖全面、运行高效、安全可控的新型基础设施体系。通过高质量基础设施建设，提升教育系统的智能化水平，为"高水平技术技能人才"培养提供强大支撑。

（一）网络建设：打造千兆光网全覆盖的"职教神经网络"

围绕"快、稳、广"目标，北京市加快构建"5G+光网+Wi-Fi6"融合覆盖体系，实现职业院校千兆光纤全接入。至2025年，15所职业院校建成5G智慧校园试点，亦庄职教专网示范区形成"校园—园区—企业"一体化接入模式。

各校积极推进虚拟仿真实训网络建设，如北京工业职业技术学院建成"XR智能建造专网"，支持千人同时在线实训。中关村园区与院校共建"工业互联网校企数据通道"，推动实训设备与企业数据实时交互，深化产教协同。网络安全方面，部署量子通信与AI态势感知系统，构建63所院校联动的防护机制。

（二）数据中心：建设京津冀算力协同的"职教数字心脏"

顺应国家"东数西算"战略，北京加快构建"市级核心+区域节点+行业云"的分布式算力体系。北京职业教育大数据中心（亦庄）作为核心枢纽，具备1000PFLOPS算力与500PB存储能力，支持教学、科研、管理全场景数据集成与智能分析。

市中心实现学情跟踪、资源调用与治理决策三位一体：覆盖30万名学生学习轨迹分析，动态调配150个专业资源库；区域边缘节点部署于通州、怀柔等区域，实现实训应用就近算力服务，如通州节点支撑文旅实训项目高并发渲染；校企合作共建数据中心20余个，实现行业数据教学转化，如"自动驾驶仿真数据云"年处理量超亿公里级。

（三）云平台：搭建产教深度融合的"智慧教育云端"

依托市级智慧职教云平台，北京构建覆盖教学、产业、治理三大模块的"云端生态"，推动"平台即服务"能力持续增强。

教学云方面，汇聚5000门精品课程与800万次虚拟实训调用，构建跨校区"元宇宙课堂"，如北京劳动保障职业学院实现远程协同授课。产业云实现产教资源双向开放，亦庄园区与院校联合建设的"生物研发云""自动驾驶云"助力院校接轨真实产业流程。治理云实现"一屏统管",动态掌握院校数字化成熟度,同时企业端接入"产教融合驾驶舱",精准对接人才培养需求。

北京市以"网络为基、算力为核、平台为体"的总体思路,全面推进职业教育基础设施数字化升级,不仅为高质量人才培养提供坚实支撑,也为全国职业教育数字化转型树立了标杆。面向未来,北京将持续探索6G、量子计算等前沿技术与职教融合路径,打造更高效、更智能、更开放的教育新底座,为首都"四个中心"建设和京津冀协同发展注入强劲动能。

三、建立标准体系

在职业教育数字化转型的过程中,建立一套全面的标准体系,无疑是为整个行业提供了明确的导向和评价基准。这不仅关乎教育质量的提升,更是实现教育公平、促进教育创新的重要保障。因此,在职业教育数字化转型的过程中,应着重制定涵盖数字资源、教学质量、教师能力等方面的标准体系。这样的标准化努力,旨在推动职业教育的数字化转型过程更加规范、系统,确保每一步前进都是稳健而有序的。

(一) 数字资源标准:确保教学资源的质量和可访问性

在数字资源的标准制定中,旨在确保所有教学资源不仅在质量上达标,更要易于获取和使用。这包括对教学内容的准确性、适用性进行规范,对资源的格式、互操作性和安全性设定明确要求。通过这些标准,能够保证教学资源能够广泛地、有效地支撑教学活动,促进知识的传播和学习的高效进行。

(二) 教学质量标准:提升教育服务的整体水平

教学质量标准的制定,旨在为职业教育的教学活动提供评价和引导的基准。这些标准覆盖了教学过程的各个环节,从课程设计到教学实施,再到学习效果的评估,每一步都有明确的质量要求。通过对这些标准的遵循和实施,可以不断提升教育服务的整体水平,确保每个学习者都能接受到高质量的教育。

（三）教师能力标准：塑造数字时代的教育引领者

在数字化转型的浪潮中，教师不仅是知识的传递者，更是学习者的引导者和激励者。因此，制定教师能力标准，对于提升教师队伍的整体素质，构建一支能够适应未来教育需求的教师队伍至关重要。这些标准包括教师的信息技术应用能力、在线教学能力，以及数字资源利用和创新教学方法的能力等，旨在引导教师不断提升自己，成为数字时代的教育引领者。

通过这样一套全面而细致的标准体系的建立和实施，职业教育的数字化转型将能够在一个清晰的框架下稳步推进。这不仅将大大提升教育的质量和效率，更将为教育的创新和发展提供坚实的基础。在这一过程中，每一位教育工作者和学习者都将成为这场变革的参与者和受益者，共同见证职业教育迈向更加光明和更具前瞻性的未来。

四、完善资金保障机制

在职业教育的数字化转型中，资金是推动创新与实施的关键动力。缺乏充足的资金支持，即便是最前瞻的想法和计划也难以落地实现。因此，强调必须建立和完善一套全面的资金保障机制，以确保职业教育数字化转型的每一步都能稳健前行，不受资金短缺的制约。

（一）设立专项基金：为职业教育数字化转型提供稳定的资金来源

专项基金的设立，旨在为职业教育数字化转型中的关键项目和研究提供专门、稳定的资金支持。这包括但不限于新技术的引进与应用、数字化教学平台的建设与维护，以及教师数字技能的培训等。通过为这些项目和研究提供充足的资金保障，不仅可以确保职业教育的数字化转型能够顺利启动，而且能够持续深入地进行。

（二）鼓励校企合作：共同探索数字化教学模式的新路径

在资金保障机制的构建过程中，特别强调校企合作的重要性。通过鼓励和支持学校与企业的紧密合作，不仅可以拓宽资金来源，还可以引入企业的先进技术和管理经验，共同探索适应未来发展需求的数字化教学模式。这种合作不仅有利于提升教学质量和效率，更能够促进学生的实际操作能力和就业竞争力的提升。

通过这些努力，完善的资金保障机制将成为职业教育数字化转型不可或缺的支柱。它不仅为转型提供了必要的资源保障，还促进了教育与产业的深度融合，为职业教育的创新发展注入了新的活力。在这一过程中，每一分投入都将转化为推动职业教育前进的强大动力，共同见证职业教育在数字化时代的蓬勃发展。

第二节　数字化教学资源建设

在当今职业教育的数字化转型浪潮中，丰富的数字化教学资源已经成为提升教学效果和学习体验的关键因素。这些资源，从在线课程到虚拟仿真实训，再到数字教材，不仅极大地扩展了教学的时空界限，更为满足多样化的学习需求提供了无限的可能性。

一、在线课程：打破时间和空间的限制

在数字化教学资源的众多形态中，在线课程以其独特的魅力和强大的功能，正成为推动现代教育革命的重要力量。它不仅仅是一种传递知识的工具，更是一座桥梁，连接着过去与未来，传统与创新，教师与学习者。随着技术的不断进步和教育理念的持续创新，高质量的在线课程将会更加丰富多彩，更能满足学习者多样化、个性化的学习需求，为构建一个全球性的学习社区奠定坚实的基础。

在线课程作为数字化教学资源的重要组成部分，通过其灵活的学习方式，为学习者提供了随时随地学习的可能。这不仅为那些地理位置偏远、无法到场上课的学习者开辟了学习的新途径，也为希望进行终身学习的个体提供了便利。高质量的在线课程需要集合专业的内容知识、先进的教学设计和人性化的学习体验设计，以确保学习者能够在互动和参与中获得有效的学习成果。

在职业教育的领域内，高质量的在线课程展现了其独有的价值和潜力，尤其是在将深厚的行业专业知识、创新的教学方法以及以学习者为核心的体验设计完美结合这一方面。这类课程不仅需要涵盖各职业领域的广泛知识，深入剖析行业技能，还需要借助丰富的多媒体资源、交互式讨论和定制化学习路径，为学习者打造一个既充满挑战性又极具成就感的数字学习空间。在这一环境中，学习者被赋予了前所未有的自主权，可以根据个人兴趣和职业规划自由探索和学习。更重要的是，通过实际操作项目和案例分析，学习者有机会将理论知识应用于实践，验证学习成果，这种从实践中学习、在实践中进步的过程，不仅极大提升了学习效率，也促进了学习者技能的全面发展。通过持续的反馈和优化，学习者能够在个人职业道路上不断前进，实现自身价值的提升和职业生涯的发展。

职业教育在线课程的成功，在于其能够紧密结合行业需求，提供实用的技能培训，并创造互动和参与的学习体验。这种教育模式不仅能够帮助学习者适应快速变化的职业市场，还能激发他们对终身学习的热情，为他们在不断发展的行业领域中稳固立足提供坚实的基础。

二、虚拟仿真实训：提供沉浸式学习体验

在职业教育的数字化转型浪潮中，虚拟仿真实训技术以其独特的沉浸式学习体验，正成为技能学习与训练的革命性工具。通过高度模拟的工作环境与实际情境，这种技术不仅能让学习者在完全安全且无风险的虚拟空间内进行实操练习，更能极大提升学习的效率与技能的精准度。它所提供的，不仅是一种学习新技能的方式，更是一种探索、实验和创新的空间。

（一）沉浸式学习体验的力量

在职业教育的领域中，虚拟仿真实训技术的应用尤为重要，它为技能学习与职业训练开辟了新的实践路径。通过创建高度仿真的工作环境，这种技术能够将学习者带入一个几乎与现实无异的职业场景中，从而实现真正的"学以致用"。这种沉浸式的学习体验，不仅让学习变得更加直观和生动，更

重要的是，它能极大地提升学习者的主动学习意愿和参与度。

1. 在真实场景中学习与实践

通过虚拟仿真实训技术，职业教育学习者能够在无风险的环境中，进行模拟实验和操作练习。这种学习方式特别适用于那些对实际操作环境有特定要求的职业领域，如医疗、建筑、制造等行业。在这些虚拟环境中，学习者不仅可以掌握理论知识，更重要的是能够通过实操来体验和解决实际工作中可能遇到的各种问题。

2. 提高学习效率与技能精准度

在职业教育中应用沉浸式学习体验的一个显著优势是能够提高学习效率和技能掌握的精准度。学习者可以在这个仿真的环境中反复练习，直到熟练掌握所需的技能。与传统的学习方法相比，这种方法能够更快速地帮助学习者达到技能掌握的标准，同时还能提高他们解决实际问题的能力。

3. 拓展职业教育的边界

虚拟仿真实训技术的应用，不仅改变了职业教育中技能学习的方式，更是在拓展职业教育的边界。通过这项技术，职业院校能够提供更多样化的职业训练课程，满足更广泛的职业技能学习需求。此外，这也为教育工作者提供了更多的创新空间，他们可以设计出更加贴近实际、更具挑战性的学习项目，从而进一步提升职业教育的质量和效果。

综上所述，沉浸式学习体验在职业教育领域中的应用，不仅为学习者提供了一种全新的学习方式，更为职业教育的发展打开了新的可能性。这种技术能够为学习者构建一个更加丰富、互动和实用的学习环境，帮助他们更好地进入未来的职业世界。

(二) 实操练习与即时反馈的双重保障

在职业教育领域，技能的精准掌握和应用能力的提升是教学的核心目标。虚拟仿真实训技术的应用，特别是其提供的实操练习与即时反馈机制，在实现这一目标方面展现了巨大的潜力和价值。这种技术不仅能够创建一个无风险、重复性高的学习环境，更能够通过精准的反馈和指导，极大地提升学习效率和技能掌握的质量。

1. 实操练习：模拟真实工作环境，无限制地磨炼技能

在职业教育中，尤其是对于那些要求高度操作技能的专业（如医疗、机械操作、建筑等），实操练习是不可或缺的一部分。虚拟仿真实训技术能够精准模拟真实的工作环境和情境，让学习者在完全模拟的条件下进行技能训练。这种训练不受物理空间和时间的限制，学习者可以根据自己的需要无限次数地重复练习特定技能，直到完全掌握为止。

2. 即时反馈：个性化学习路径的构建和知识深化

更为关键的是，这些虚拟环境中的实操练习能够提供即时反馈和个性化的学习指导。这种反馈机制不仅可以及时纠正学习者在实操中的错误，避免错误技能的固化，还可以根据学习者的具体表现提供定制化的学习建议。这不仅加深了学习者对专业知识的理解，更重要的是提升了他们将理论知识应用到实际操作中的能力。在职业教育的背景下，这种能力的提升对于学习者的未来职业发展至关重要。

3. 职业教育的未来：技能与知识的完美结合

通过实操练习与即时反馈的双重保障，虚拟仿真实训技术正成为职业教育领域中不可或缺的教学工具。它不仅使得技能训练更加高效和安全，更通过个性化的学习路径和深化的知识理解，为职业教育的质量提升和学习效果的优化提供强有力的支撑。随着这项技术的不断发展和应用，我们有理由相信，它将为职业教育带来更广阔的发展前景，培养出更多具有高度专业技术技能和创新能力的人才，满足未来社会和经济发展的需要。

（三）开启技能掌握的新纪元

随着技术的不断进步，虚拟仿真实训正日益成为职业教育领域中不可或缺的一部分。它不仅改变了传统的技能学习和训练模式，更开启了技能掌握的新纪元。在这个纪元中，每一个学习者都能通过个性化、沉浸式的学习体验，高效且精准地掌握所需的职业技能，为自己在未来职场上的成功打下坚实的基础。

三、数字教材：创新教与学的途径

在职业教育的转型与升级过程中，数字教材以其独特的优势成为连接教与学的重要桥梁。随着技术的快速发展，传统的纸质教材逐渐无法满足职业教育对实时更新知识和技能的需求。数字教材凭借其便捷的更新机制、丰富的互动性及强大的个性化定制能力，正在成为职业教育领域中教学革新的重要推手。随着数字化技术不断深入职业教育领域，在未来，数字教材将继续在职业教育的数字化转型中扮演重要角色，推动教育模式的创新和发展，培养更多适应未来社会需求的高技能人才。

（一）动态更新，紧跟行业发展

职业教育的一个核心特点是需要与行业标准和最新技术同步更新。数字教材能够迅速反映行业的最新发展，确保教学内容的实时性和前瞻性。这对于培养学生适应未来工作环境的能力至关重要，尤其是在快速变化的行业领域如信息技术、生物科技等。

1. 紧密追踪行业动态，构建实时更新的教材体系

数字教材的一个显著优势在于其能够快速地集成和反映行业的最新动态和技术发展。这种教材不仅包括了传统的文本和图像，更融合了视频讲座、在线研讨、实时案例分析等多样化内容，使得教学材料能够在第一时间内更新和扩展。对于那些发展迅速、知识更新频繁的行业领域，如信息技术、生物科技、新能源等，数字教材提供了一个持续学习和适应的平台，确保了学习内容的实时性和相关性。

2. 预见未来趋势，将科技融入职业教育的发展动力中

通过动态更新的数字教材，职业教育不仅能够追踪当前行业标准和技术，更能预见到未来的发展趋势。这对于培养学生的前瞻思维和创新能力极为关键。学生通过学习最新的技术和理念，不仅能够适应当前的工作环境，更能为将来可能出现的变革做好准备。在学习过程中，学生不仅是知识的接受者，更是未来创新和发展的参与者和推动者。

3. 构筑与行业同步的教育模式，培养未来行业领军人物

数字教材的动态更新机制为职业教育提供了与行业同步发展的可能。这种教学资源的实时性和前瞻性，使得职业教育能够更加精准地对接行业需求，培养出真正符合市场需求的高技能人才。学生在学习过程中，不仅能够掌握当前最新的技能和知识，更重要的是能够培养出持续学习和自我更新的能力，为其日后在快速变化的行业环境中立足提供了坚实的基础。

通过这样的教学革新，职业教育在培养未来行业领军人物的道路上，已经迈出了坚实的步伐。数字教材的动态更新不仅是技术的展现，更是教育理念和方法的一大进步，标志着职业教育正向着更加高效、精准的方向发展。

（二）丰富互动，提升学习兴趣

在职业教育领域，随着数字化转型的深入发展，传统的教学方法正逐渐向更加互动、多元的方向演变。这种转变不仅符合当代学生的学习习惯和偏好，更能有效提升他们对职业技能学习的兴趣和参与度。在这个过程中，数字教材发挥了至关重要的作用，它通过整合视频、音频、动画等丰富的多媒体元素，将复杂的职业技能和工作流程以极富吸引力和生动性的方式展现给学习者。

1. 探索多媒体教学资源的深层价值

多媒体元素的集成，为职业教育带来了前所未有的丰富的和富有表现力的教学资源。视频可以展示操作过程的每一个细节，音频能够传达语言的细微差别，而动画则能够将抽象的概念形象化，这些多媒体元素的综合运用，不仅让学习内容更易于理解和记忆，更重要的是，它们能够激发学生的学习兴趣，引导他们主动探索和学习。

2. 促进学生主动学习与深入理解

这种互动性的提升，对于职业教育来说具有重大意义。它能够促进学生从被动接受知识，转变为主动探索知识，这种学习方式能够极大地提升学习效率和效果。更为重要的是，当学生在学习过程中遇到问题或挑战时，多媒体教材能够提供即时的反馈和指导，帮助学生及时调整学习策略，深化对职业技能和知识的理解与掌握。

3. 塑造未来职业教育的新典范

在职业教育的数字化转型过程中，丰富的互动性不仅是提升学习兴趣和效果的关键，更是塑造未来职业教育教学模式的重要因素。通过不断探索和优化数字教材中的多媒体元素使用，职业教育可以更好地适应未来工作环境的变化，培养出更加适应未来社会需求的高素质技能人才。

总之，通过丰富的互动性和多媒体教学资源的深度应用，职业教育在数字化转型的道路上会逐步开启一个全新的篇章。这不仅将提升学习者的学习体验和教育效果，更将为职业教育的创新发展注入持续的动力，塑造出一种更加灵活、高效、个性化的教学新典范。

（三）精准教学，支持个性化学习

在职业教育的领域内，随着技术的进步和教育模式的演变，数字教材已经成为支持教与学交互的关键工具。特别是在职业技能的培训和学习中，数字教材的优势显得尤为突出。其能够通过教学数据的收集和分析，为教育工作者提供一个强大的手段，以实时监控和评估学生的学习进展，实现教学过程的精准化管理和个性化调整。

1. 教学数据的策略性应用

数字教材的核心价值之一在于其对教学数据的收集和智能分析能力。这不仅仅是对学习过程的简单记录，更是对学习行为、成效及潜在困难的深入洞察。在职业教育的场景下，这种能力特别关键，因为它支持教师根据学生的实际表现和学习需求，定制更为精确的教学方案和学习路径。

（1）实现精准教学。精准教学的实现，依赖于对学生学习进度和效果的实时追踪及评估。数字教材通过算法和数据分析，为教师提供了科学的决策支持。例如，通过分析学生对某一专业知识点的掌握程度，教师可以调整教学策略，加强对薄弱环节的教学，或为学生提供更多的练习和反馈。

（2）个性化学习路径的设计。更进一步，数字教材使得个性化学习成为可能。它不仅能够根据学生的学习速度和风格提供适宜的学习内容，还能够针对学生的特定兴趣和职业发展目标，推荐相关的学习资源和课程。这种个性化的学习路径设计，尤其对于职业教育领域的学生来说，能够大大提升学习的针对性和适用性，从而优化学习成效。

2. 职业教育中的数据驱动决策

在职业教育领域，数字教材所提供的教学数据收集和分析能力，为实现数据驱动的教育决策提供了坚实的基础。这不仅仅是技术的创新，更是职业教育教学模式和理念的深刻变革。通过精准教学和个性化学习路径的设计，教育工作者能够更有效地支持每个学生的职业技能学习，确保他们能够在未来的职场中充分发挥自己的潜力。

在这个以数据为驱动的新时代，职业教育的教与学正在经历一场深刻的变革。数字教材不仅改变了知识的传递方式，更重塑了教育的价值链——从教材编写、教学实施到学习效果评估，每一个环节都在数据的指导下进行优化和调整。正是这种以学生为中心，以数据为支撑的教育模式，将为职业教育的未来发展打开更广阔的大门。

这三大类数字化教学资源的丰富和完善，不仅能够满足不同学习者的需求，更能够推动职业教育教学方法的革新，实现教育质量的整体提升。在未来，随着技术的不断进步和教育理念的不断创新，数字化教学资源将继续扩展其形式和功能，成为职业教育不可或缺的重要组成部分。

第三节　数字化与教师专业发展

在职业教育领域，教师的专业发展与数字化转型紧密相连，构成了教育创新和质量提升的双重基石。随着信息技术在教育领域的广泛应用，教师的数字能力不仅影响着教学效果，也直接关联学生的学习成效和未来职业发展。因此，实施教师信息技术能力提升计划，成为职业教育系统中一项至关重要的任务。

第六章 推动首都职业教育数字化转型的政策建议

一、教师数字能力提升

在职业教育的数字化转型进程中，教师扮演着核心角色。他们不仅是知识和技能的传递者，更是学习过程的设计者和引领者。因此，提升教师的数字化教学能力和信息技术应用水平，不仅能够优化教学方法，提高教学质量，更能够促进教育资源的有效利用，激发学生的学习兴趣和创新能力。此外，随着职业领域技术的快速更新换代，教师的数字应用能力提升也是适应社会发展需求的必然选择。

（一）专业培训

在当今数字化时代背景下，职业教育体系面临着前所未有的挑战与机遇。教育技术的快速发展不仅改变了知识的获取和传递方式，也重新定义了教师的角色和职责。因此，教师专业发展成为职业教育创新和质量提升的关键。特别是组织系统性的专业培训，不仅是提升教师数字化教学能力的有效途径，更是构建现代职业教育体系的基石。

1. 综合覆盖关键技能领域

专业培训课程的设计应全面覆盖从基础的信息技术应用到先进的教育技术工具，再到数字化教学策略等多个关键领域。这种全方位的技能覆盖确保教师能够全面掌握数字化教学所需的核心技能和知识，包括但不限于教学内容的数字化设计、在线课程的开发与管理、数字资源的有效利用，以及利用教育技术促进学生互动和参与等。

2. 培训模式的创新与实践

为了提高专业培训的效果，培训模式的创新同样重要。采用混合学习、翻转课堂、工作坊、案例研讨等多样化的培训方法，能够提升教师的学习兴趣和参与度，促进知识和技能的深度理解与应用。同时，实践环节的加入，如模拟教学、小组协作项目等，可以让教师在实际操作中检验学习成果，及时调整和优化教学策略。

3. 持续更新与终身学习

鉴于技术和教育理念的不断进步，专业培训不应是一次性的活动，而应成为教师终身学习路径的一部分。建立持续更新的培训体系，鼓励教师定期参与最新的教育技术和教学方法培训，不仅有助于教师保持技能和知识的前沿性，也能够激发教师对教学创新的热情和动力。

通过系统的专业培训，职业教育中的教师能够有效地提升其数字化教学能力，从而更好地适应数字化时代教育的需求。这不仅促进教学方法的创新，提高教育质量，也将为学生创造更加丰富多彩、互动参与的学习环境。因此，专业培训作为提升教师专业发展的基石，在构建未来职业教育体系中占据着不可替代的重要地位。

（二）研讨与交流

在职业教育的范畴内，教师的专业发展不仅仅依赖于个体的自我提升，更在于群体智慧的集结和共享。因此，研讨与交流活动，如教师研讨会和工作坊，成为激发教师创新思维、分享教学经验、探索教育技术新应用的重要平台。这些活动不仅提供了一个开放的交流空间，让教师能够较为自由地分享自己在教学实践中的成功经验和面临的挑战，更成为促进教师相互学习、共同成长的重要依托。

1. 构建知识共享与合作学习的社群

定期举办的研讨会和工作坊，为教师构建了一个知识共享和合作学习的社群。在这样的社群中，教师可以通过互动讨论、案例分析和工作坊实践等多种形式，深入探讨教育理论与实践的结合点，共同寻找解决教学难题的新方法。更重要的是，这种形式的活动鼓励教师跨学科、跨领域的交流合作，打破知识壁垒，促进教育创新的产生。

2. 激发教师创新思维与教育技术应用

在研讨与交流的过程中，教师被鼓励探索和尝试新的教育理念和技术工具，以创新的视角审视和解决传统教学中存在的问题。通过工作坊等实践活动，教师可以直接体验和评估新技术在教学中的应用效果，从而更准确地判断其适用性和有效性。这种以实践为基础的学习和探索过程，不仅能够激发教师的创新思维，还能促进教育技术在职业教育中的广泛应用。

3. 促进教师专业成长与职业发展

研讨与交流活动的定期举办，为教师提供了持续的专业成长机会。通过这些活动，教师不仅能够更新自己的教育知识和技能，更能够通过互动交流，增强自己的沟通能力、团队合作能力和问题解决能力。这些软技能的提升，对于教师个人的职业发展同样至关重要。它们不仅能够帮助教师在教育领域内获得更大的成就，也为教师在更广泛的社会和职业背景下的发展打下坚实的基础。

总之，研讨与交流活动在职业教育教师专业发展中扮演着不可或缺的角色。它不仅为教师提供了一个知识共享和相互学习的平台，更是激发教育创新、促进专业成长的重要推动力。通过这些活动，教师能够深入探索教育技术的最新发展，拓展自己的教学视野，实现教学方法的创新与优化。同时，这种互助学习的氛围还能够增强教师的职业归属感和满足感，激发他们对教育事业的热情和承诺。

（三）实践与反馈

为了确保教师数字技能提升计划的有效性，并将学到的技能转化为教学实践的改进，需鼓励教师在日常的教学活动中积极应用新技术和尝试新方法。此外，建立一个有效的反馈机制对于评估教学效果和技术应用的成效至关重要。通过这样的实践与反馈循环，可以确保教师的持续成长和教学质量的不断提升。

1. 实践的推动

（1）项目式学习。推动教师围绕实际教学需求，设计和实施项目式学习活动。通过这些活动，教师可以将新技术和方法应用到具体的教学场景中，从而在实际操作中深化对技术的理解和应用能力。

（2）同伴互助。鼓励教师之间建立同伴互助的学习小组，共同探讨和分享新技术在教学中的应用经验。这不仅能够促进教师之间的交流和学习，还可以激发教师在教学实践中的创新思维。

（3）实践展示。定期组织教师技术应用成果展示活动，为教师提供一个展示和交流新技术应用经验的平台。通过这种方式，可以增加教师应用新技术的积极性，同时也为其他教师提供了学习和借鉴的机会。

2. 反馈的构建

（1）在线反馈系统。建立一个在线反馈系统，使教师能够及时获取学生、同行和教育专家对其教学效果和技术应用的反馈。这些反馈可以为教师提供宝贵的参考，帮助他们识别教学中的问题并进行相应的调整。

（2）定期评估会议。定期召开教师技术应用评估会议，邀请教育技术专家、学校管理层以及学生代表参与，对教师的技术应用情况进行全面评估。这种评估不仅关注教师技术应用的广度和深度，更重视其对提升教学质量和学习效果的贡献。

（3）持续改进计划。基于实践活动和反馈评估的结果，鼓励教师制订个人的持续改进计划。这个计划应包括教师计划如何进一步提升自己的数字技能，如何优化教学策略，以及如何更有效地利用技术改善学生的学习体验。

通过实践与反馈的相互促进，教师能够在不断地尝试和调整中找到最适合自己教学风格和学生学习需求的技术应用方式。这种以实践为基础、以反馈为导向的学习过程，将极大地促进教师专业成长，推动职业教育数字化转型向更高质量、更高效率的方向发展。

二、构建教师专业发展体系

在职业教育数字化转型的过程中，教师是关键的推动者和实施者。为了充分激发教师的积极性并支持其持续发展，建立一个全面的教师专业发展体系显得尤为重要。这一体系应涵盖教师职业生涯的各个阶段，提供清晰的发展通道和成长机会，特别是在数字化教学改革领域。

（一）教师职业生涯发展通道

1. 明确的职称评定标准

（1）技术应用能力。职称评定标准中，教师的技术应用能力是基础，这包括对各种教育技术工具的熟练操作,如在线教学平台的使用、多媒体课件的制作等。

(2) 教学设计能力。进一步地,标准还应评估教师利用数字化工具进行创新教学设计的能力。这不仅包括教学内容的数字化呈现,还涉及如何通过技术提升学生的学习动机、参与度和成效。

(3) 成果与创新。最终,职称评定还应考量教师在数字化教育领域所取得的具体成果和创新。这可以是推动校内外教育技术应用的先行者,或是在数字教学实践中取得显著成绩的示范者。

2. 多元化的职业发展路径

(1) 数字教育领域专家。为有志于深入研究数字教育理论与实践的教师提供成为领域专家的机会,包括参与国内外教育技术研究、发表专业论文等。

(2) 数字教学资源开发者。鼓励教师参与或主导数字教学资源的开发,如参与编写电子教材、开发在线课程或制作互动式学习软件,促进教师技术创新和教学内容更新。

(3) 在线教育项目领导者。对于展现出卓越组织和领导能力的教师,可以提供担任在线教育项目领导的机会。这不仅是对其能力的认可,也提供了一个广阔的职业发展空间。

(4) 教育技术培训师。建立教育技术培训师的角色,负责对校内外教师进行数字技能的培训和指导。这既是教师个人技能提升的体现,也是其职业生涯多元化发展的一部分。

通过明确的职称评定标准和提供多元化的职业发展路径,不仅可以激励教师积极参与数字化教学改革,还可以为教师的专业成长和职业发展提供广阔的平台和机会。这种制度的建立和完善,将有力支撑职业教育数字化转型的深入实施,促进教育质量和效率的全面提升。

(二) 专业成长路径与支持

为确保教师能够有效地参与到职业教育的数字化转型中,专业成长路径的规划及支持体系的构建显得尤为重要。

1. 持续的专业培训

（1）定制化培训内容。基于教师的实际需求和技能水平，提供定制化的培训计划。这包括从基础的数字技能培训到高级的教育技术应用课程，确保每位教师都能找到符合自身发展需求的培训内容。

（2）灵活的培训模式。采用线上、线下及混合式培训模式，提供灵活的学习时间和场所，以适应不同教师的学习习惯和工作安排。特别是通过线上平台，可以实现随时随地学习，克服地域和时间的限制。

（3）互动式学习体验。强调培训过程中的互动和实践，鼓励教师参与到模拟教学、案例分析、小组讨论等活动中。这种互动式学习不仅能增强教师的学习兴趣，还能提高培训的实效性。

（4）持续更新的课程内容。随着教育技术的快速发展，定期更新培训课程和内容，确保教师能够及时了解和掌握最新的数字化教学工具和方法。同时，引入国内外的先进教育理念和实践，拓宽教师的视野。

2. 专业成长支持机制

（1）教师学习社区。建立教师专业学习社区，为教师提供一个交流经验、分享资源和相互学习的平台。通过社区活动，教师可以相互激励，共同成长。

（2）个人发展规划。鼓励教师制订个人职业发展规划，明确自己的职业目标和成长路径。学校或教育机构可提供专业指导和咨询服务，帮助教师规划和实现其职业生涯的各个阶段。

（3）定期评估与反馈。实施定期的教师专业能力评估，为教师提供客观的能力反馈和成长建议。通过评估结果，教师可以了解自己的成长进度，明确未来的学习方向。

（4）持续激励机制。通过表彰优秀教师、提供研究津贴、支持参加国内外学术会议等方式，持续激励教师投身于专业学习和教学创新。这样的激励机制能够有效提升教师的积极性和创新意识。

通过上述专业成长路径与支持措施，可以确保教师在职业教育数字化转型过程中获得必要的技能提升和专业成长，进而提升教育质量和效果，更好地适应未来教育的需求和挑战。

三、促进校企合作

在职业教育领域，校企合作是连接教育与行业需求、提升教育质量和实践性的关键途径。通过深化校企合作，可以有效地推动企业参与职业教育的教学资源开发、教师培训，以及课程体系的构建，从而加强教师与行业的紧密联系，提升职业教育的实践性和针对性。

（一）教学资源开发

（1）共同开发教材与教学资源。学校与企业共同开发符合行业标准和前沿技术的教材和教学资源。这种合作不仅能确保教学内容的实时更新和行业相关性，还可以通过企业的实际案例和数据丰富教学内容。

（2）虚拟实训平台建设。利用企业的技术支持和资源，共同开发虚拟实训平台和模拟系统，给学生提供更加安全、便捷的实践学习环境。这样的平台可以让学生在模拟的工作环境中学习和实践，提前适应未来的职业角色。

（二）教师培训与交流

（1）行业培训和实习。组织教师参加企业的培训项目和实习，使教师能够直接了解行业最新的技术发展和工作流程。这种亲身体验有助于教师将理论与实践相结合，更新和优化自己的教学方法。

（2）企业专家讲座和工作坊。邀请企业的专家和技术人员定期到学校举办讲座和工作坊，分享最新的行业动态、技术趋势以及职业发展经验。这样的活动不仅能为教师提供专业成长的机会，也能激发学生的学习兴趣和职业规划意识。

（三）校企合作项目

（1）实训基地和实习岗位。与企业合作建立校外实训基地和提供实习岗位，使学生能够在真实的工作环境中学习和实践。通过参与企业的实际项目，学生不仅能够应用所学知识，还能提前积累工作经验，增强就业竞争力。

（2）课程共建和双师制教学。实施课程共建，引入企业参与课程设计和教学过程，采用双师制教学模式，即由学校教师和企业实践经验丰富的技术人员共同执教。这种模式不仅能够保证教学内容的实时更新和实践性，还能为学生提供更全面的视角和学习体验。

通过这些具体的措施，可以有效地促进校企合作，将企业的资源和需求与职业教育的教学和培训紧密结合，不仅提升了教育的实践性和针对性，还为学生的职业发展打下坚实的基础。

第四节　数字化教学模式与学习方式创新

在职业教育的数字化转型过程中，探索和实践创新的教学模式与学习方式成为提升教育质量和效率的关键。随着信息技术的快速发展和普及，传统的教学模式已经无法完全满足现代教育的需求。因此，引入和推广新的教学模式和学习方式，特别是混合式教学，成为教育改革的重要方向。

一、推广混合式教学

混合式教学，作为一种将传统面对面教学与现代远程网络教学有效结合的教学模式，正逐渐成为职业教育领域创新教学实践的重要方向。通过这种模式，可以充分利用数字化工具和平台的优势，实现教学内容的丰富化、教学过程的灵活化和学习体验的个性化。

（一）教学资源的多样化

混合式教学模式的核心优势之一在于其对教学资源的多样化要求和应用，使得教学过程更加丰富和生动。通过引入各种数字化教学资源，这种教学模式能够激发学生的学习兴趣和参与度，提升教学的质量和效率。

（1）在线视频资源。利用在线视频教学资源，教师可以将复杂的概念通过生动的视频内容呈现给学生，使学生能够直观地理解学习内容。视频资源还可以包括实时讲座、专家访谈、实验操作演示等，为学生提供多维度的学习视野。

（2）互动课件。互动课件通过集成多媒体元素如文本、图像、音频和视频等,以及交互功能,如点击、拖拽、模拟实验等,增强学生的学习体验。这种互动性强的学习材料可以更好地吸引学生的注意力,提高学习效率。

(3)虚拟实验室。虚拟实验室技术使学生可以在没有物理实验室条件的情况下,通过计算机模拟进行实验操作。这种方式不仅安全、经济,还可以随时随地进行,大大增加了实验教学的可行性和灵活性。

(4)在线互动平台。通过构建在线互动平台,教师和学生可以在非面对面的情况下进行实时或异步的交流和讨论。这种平台促进了知识的共享和问题的解决,加强了师生间以及学生间的互动与合作。

(5)数字图书和资料库。通过整合数字图书和专业资料库,为学生提供广泛的阅读和研究资源。学生可以根据自己的学习需要,随时获取最新的学术资料和行业动态,拓展学习的深度和广度。

通过教学资源的多样化,混合式教学模式不仅使得教学内容更加丰富多彩,还为教师提供了更多的教学方法和手段,为学生创造了一个更加灵活、互动和个性化的学习环境。这种多元化的教学资源应用,无疑将推动职业教育教学模式的创新,提高教育质量和学习效果。

(二)学习方式的个性化

在数字化教学模式与学习方式创新中,个性化学习方式的推广是教育技术发展的重要成果之一。通过在线学习平台的应用,学生能够享受更加个性化的学习体验,这种个性化学习方式不仅体现在学习内容的选择上,还体现在学习过程、评估方式和学习资源的获取等多个方面,极大地增强了学生的学习积极性和自主性。

1. 学习内容的自主选择

(1)兴趣驱动的学习选择。在线学习平台提供了丰富多样的学习资源,学生可以根据自己的兴趣和职业规划自主选择学习内容。这种兴趣驱动的学习方式能够激发学生的学习动力,使学习过程变得更加愉快和有效。

(2)灵活的课程配置。不同于传统教育模式中固定的课程安排,个性化学习方式允许学生根据自己的时间和能力安排学习进度,选择不同难度和深度的课程，实现真正意义上的"按需学习"。

2. 学习过程的自我调节

（1）自我管理的学习计划。学生可以利用在线学习平台的工具，如学习进度跟踪、时间管理器等，制订和调整个人的学习计划和目标。这种自我管理的能力是个性化学习过程中的关键，有助于学生培养时间管理和自我驱动的能力。

（2）互动反馈与调整。在线平台的即时反馈机制可以帮助学生及时了解自己的学习效果，针对学习中的困难和挑战进行及时调整和优化。教师也可以根据学生的反馈提供个性化的指导和支持，进一步提升学习效率。

3. 学习评估的个性化

（1）多元化的评估方式。在线学习平台支持多种评估方式，包括自我测试、同伴评价、项目作业等，这些多元化的评估方式更能全面反映学生的学习成果，同时也满足不同学习风格和能力水平学生的需求。

（2）反馈与成长。个性化的学习评估强调及时、具体地反馈，帮助学生了解自己的学习强项和改进空间，鼓励学生在学习过程中持续成长和进步。

通过在线学习平台实现的学习方式的个性化，不仅使学生能够根据自己的实际情况选择最适合的学习路径，还能够在学习过程中获得个性化的支持和引导，最终实现自主学习和持续成长的目标。这种个性化学习方式的推广，无疑将深刻影响未来教育的发展方向，为培养具有创新能力和自主学习能力的人才提供了强大的支撑。

（三）教学互动性的增强

在当今的教育环境中，增强教学互动性已成为提升教学质量和学习体验的关键因素之一。数字化工具和平台的应用为教师和学生提供了前所未有的互动机会，不仅可以促进教与学的即时反馈，还能够激发学生的学习热情和提升他们的社会化及协作能力。

1. 实时进度跟踪与反馈

（1）个性化学习支持。通过数字化工具，教师能够实时监控每个学生的学习进度，识别学生在学习过程中遇到的困难，有针对性地提供支持和指导。这种个性化的反馈机制能够确保学生及时获得必要的帮助，从而有效提升学习效率。

（2）动态学习调整。基于学生学习进度的实时数据，教师可以灵活调整教学计划和策略，以更好地适应学生的学习需求。这种教学策略的动态调整有助于最大化教学效果，确保教学内容对学生来说既具挑战性又能够达成。

2. 促进学生间的互动交流

（1）建立在线学习社区。通过论坛、社群等在线交流平台，学生可以分享学习心得、讨论课程内容、协作完成任务等。这种在线学习社区的建立不仅能够促进学生间的信息交流和知识共享，还能增强学生的归属感和学习动力。

（2）开展小组协作项目。利用数字化平台，教师可以组织学生进行小组协作项目，鼓励学生通过协作解决问题。这种协作学习模式能够促进学生间的互助互学，提高解决实际问题的能力，同时培养团队合作精神。

3. 创新互动教学模式

（1）互动问答和投票。利用数字化工具设计课堂互动问答、即时投票等活动，可以有效提升学生的课堂参与度。这种即时的互动方式不仅能激发学生的思考，还能增加课堂的趣味性，提升学生的学习兴趣。

（2）虚拟仿真与角色扮演。引入虚拟仿真和角色扮演等教学方法，使学生在模拟的实际情境中学习和应用知识。这种互动式学习方法能够提供更加生动和真实的学习体验，帮助学生更好地理解和掌握复杂概念。

通过增强教学互动性，不仅可以提升教学和学习的效率，还能够为学生创造一个更加开放、互助和创新的学习环境。这种环境有利于学生综合能力的提升，为他们未来的学业进步和职业发展奠定坚实的基础。

二、推进个性化学习模式

数字化教学的发展推动了学习方式从标准化向个性化的转变。借助在线学习平台，学生不仅能够自主选择学习内容，还能根据自身需求调整学习进度、优化学习策略，并获得针对性的反馈支持。这一变革使学习更加灵活高效，满足了不同学习者的需求。

（一）学习内容的自主定制

（1）兴趣驱动的课程选择。个性化学习的核心在于满足学生的兴趣和需求。在数字化环境下，丰富的在线学习资源让学生可以依据个人兴趣、职业发展规划或现实需求，自主选择课程内容。无论是计算机编程、人工智能，还是历史文化、艺术创作，学生都能自由探索，并根据自身水平选择适合的课程，从而提高学习的针对性和主动性。

（2）灵活适配的课程安排。传统教学模式下，课程安排较为固定，而个性化学习模式打破了这一限制。学生可以根据自己的学习节奏安排课程，选择适合自身能力和目标的学习路径。例如，部分在线课程采用模块化设计，学生可以灵活调整学习进度，按需选择重点内容进行深入学习。这种安排不仅提升了学习效率，也让学生能够更加自主地掌控学习进程。

（二）学习过程的动态优化

（1）自主规划学习路径。个性化学习强调学生的自主性和自我管理能力。在线学习平台提供学习进度跟踪、时间管理工具等功能，帮助学生设定短期和长期学习目标，并在学习过程中进行动态调整。例如，学习者可以设定每日或每周的学习任务，并根据自身掌握情况调整学习计划，以确保高效学习。

（2）智能反馈与适应性优化。基于人工智能和大数据分析的智能反馈系统，使学习者能够实时了解自己的学习情况。平台可以根据学习数据分析学生的薄弱环节，并提供针对性的学习资源。例如，如果学生在某个知识点的测验中表现不佳，系统可以自动推荐相关的补充材料或练习，帮助学生巩固知识。同时，教师也可以基于数据分析，为不同学习水平的学生提供个性化指导，从而优化教学效果。

（三）评估体系的个性化改革

（1）多元评估方式。传统教育体系主要依赖统一考试来衡量学生的学习成果，而个性化学习模式强调多元化评估。在线学习平台支持自测、同伴互评、项目实践等多种评估方式，使学习成果的评价更加全面。例如，学生可以通过在线测验评估知识掌握情况，通过项目作业展示应用能力，并通过同伴互评获取多维度的反馈。这种多元评估方式不仅能更准确地反映学生的学习进展，也能增强学习的互动性和实践性。

（2）成长导向的评价机制。个性化评估不仅关注学生的学习结果，更注重学习过程的成长性。个性化评估强调即时、具体的反馈，帮助学生了解自身的优势与需要改进的地方。例如，基于数据分析的学习报告可以展示学生的学习进度、知识掌握情况和提升空间，鼓励学生不断优化学习策略。这种评价机制有助于培养学生的自主学习能力，使其在不断调整和改进中实现持续成长。

个性化学习模式的实施，使学生能够基于自身需求探索最优的学习路径，同时获得定制化支持，从而提升自主学习能力和创新素养。随着数字技术的进一步发展，个性化学习将更加智能化和精准化，为未来教育模式的创新提供重要支撑。

三、创新教学方法

在职业教育的数字化转型和教学模式创新中，鼓励教师探索和实践新的教学方法成为提高教学效果和优化学生学习体验的关键措施。随着教育技术的发展和学生需求的多样化，传统的教学模式已经不能完全满足现代教育的要求，因此，采用翻转课堂、项目式学习、协作学习等新型教学方法，不仅能激发学生的学习兴趣，还能培养学生的创新思维和团队合作能力。

（一）翻转课堂

（1）理论与实践相结合。翻转课堂模式要求学生在课前通过在线资源自主学习理论知识，课堂时间则专注于讨论、实验和解决问题。这种模式强调理论知识与实际应用的紧密结合，使学生能够更深入地理解和掌握知识。

（2）教师角色转变。在翻转课堂中，教师的角色由传统的知识传授者转变为学习引导者和问题解决者。教师需要设计富有挑战性的课堂活动，引导学生主动探索和解决问题，从而提高学生的批判性思维和创新能力。

（二）项目式学习

（1）跨学科知识应用。项目式学习通过真实或模拟的项目任务，让学生在解决问题的过程中应用跨学科的知识和技能。这种学习方法能够让学生在实践中学习，增强学习的针对性和有效性。

（2）软技能的培养。通过团队合作完成项目任务，学生不仅能够提升专业技能，还能在沟通、协作、时间管理等软技能方面获得显著提升。这些技能对于学生未来的职业发展至关重要。

（三）协作学习

（1）团队合作精神。协作学习强调学生之间的相互协作和支持，通过小组讨论、共同完成任务等形式，培养学生的团队合作精神和集体责任感。

（2）多元化视角。在协作学习过程中，学生可以从同伴那里获得不同的观点和方法，促进思维的多样化和创新。这种学习方式有助于学生建立批判性思维，提高问题解决能力。

通过这些创新教学方法的引入和实践，不仅可以提升教学效果，还能显著改善学生的学习体验。这些方法的成功实施，需要教师不断地学习和探索，同时也需要学校提供相应的支持和资源。通过不断地尝试和优化，可以为职业教育培养出更多具有创新能力和实践能力的优秀人才。

四、建立评价与反馈机制

在数字化教学环境中，建立一个高效的评价与反馈机制是促进学生学习和提升教学质量的关键。通过利用大数据和智能分析工具，可以对教学效果进行客观评价，并收集学生的学习反馈，从而为教学改进和个性化学习提供强有力的数据支持。这样的评价与反馈机制不仅能够促进教育资源的优化配置，还能提高教育决策的科学性和有效性。

第六章 推动首都职业教育数字化转型的政策建议

(一) 教学效果的智能评价

(1) 实时教学分析。通过大数据和智能分析工具，实时监控教学活动，分析教学内容的覆盖度、学生的参与度和互动情况等指标。这些数据可以帮助教师及时了解教学状态，评估教学效果，及时调整教学策略。

(2) 学习成效评估。利用智能分析工具对学生的学习成果进行综合评估，不仅包括传统的考试成绩，还包括学习过程中的表现、作业和项目成果等多维度的评价。这种全面的评估机制能够更准确地反映学生的学习效果和能力水平。

(二) 学生学习反馈的收集

(1) 即时反馈系统。建立一个便捷的即时反馈系统，允许学生在学习过程中随时提出疑问和反馈。这些反馈可以直接传递给教师，帮助教师及时了解学生的学习状态和需求，调整教学内容和方法。

(2) 满意度和需求调查。定期开展学生满意度和学习需求调查，收集学生对教学内容、教学方式、学习资源等方面的意见和建议。这些数据可以为教学改进和资源配置提供重要参考。

(三) 数据驱动的教学改进

(1) 数据分析与决策支持。利用收集到的大数据和智能分析结果，对教学过程和学习效果进行深入分析，发现教学中的问题和不足。基于这些分析结果，教育管理者和教师可以作出更加科学和有效的教学决策。

(2) 个性化教学调整。根据学生学习反馈和学习成效的分析结果，为学生提供个性化的学习建议和辅导，调整教学内容和教学方法，以更好地满足学生的学习需求和提升学习效果。

通过建立这样一个综合的评价与反馈机制，可以使教学活动更加透明和可量化，能够激发学生的学习兴趣，提升学习效率，提高教学质量。这种基于数据的教学评价和反馈机制，是数字化教学环境下实现教学改进和优化学习体验的重要手段。

附 录

附录 I　首都职业教育数字化转型现状调查（学生问卷）

亲爱的同学：

随着科技的迅速发展，数字化教学已经成为教育的新趋势。我们诚邀你参与此次调查，帮助我们了解你对数字化教学的看法、使用情况、面临的挑战以及期望的未来。你的反馈对于改进教学环境、提升教育质量至关重要。问卷填写内容将严格保密，数据仅用于学术研究和政策建议。感谢你对我们研究工作的支持！

第一部分　基本信息

1. 你所在学校的名称：_____
2. 你所在学校的类型：_____ ①高职　②中职
3. 你的性别：_____ ①男性　②女性
4. 你的年级：_____ ①高一　②高二　③高三　④中一　⑤中二　⑥中三
5. 你所学的专业大类：_____

　①农林牧渔大类　　　②资源环境与安全大类　　③能源动力与材料大类

　④土木建筑大类　　　⑤水利大类　　　　　　　⑥装备制造大类

　⑦生物与化工大类　　⑧轻工纺织大类　　　　　⑨食品药品与粮食大类

　⑩交通运输大类　　　⑪电子信息大类　　　　　⑫医药卫生大类

　⑬财经商贸大类　　　⑭旅游大类　　　　　　　⑮文化艺术大类

　⑯新闻传播大类　　　⑰教育与体育大类　　　　⑱公安与司法大类

　⑲公共管理与服务大类

第二部分　数字化转型情况

6. 你在学习中经常使用哪些数字化工具或平台？（可多选）_____
①电子书籍　②在线课程平台　③教学管理系统
④多媒体教室设备　⑤其他（请注明）_____

7. 你每天使用数字设备（如手机、电脑）的时长是多少？_____
①小于 1 小时　②1—3 小时　③3—5 小时　④5 小时以上

8. 你更喜欢哪种学习方式？_____
①在线学习　②传统面对面教学　③视学习内容而定　④说不清

9. 你认为你所在学校的数字化教学现状如何？_____
①很好　②好　③一般　④差　⑤说不清

10. 你认为数字化教学对提高学习效率有何影响？_____
①明显提高　②有一定提高　③没有明显影响　④降低了

11. 你是否觉得数字化教学提高了你的学习兴趣？_____
①是　②否　③说不清

12. 你是否认为数字化教学有助于提高你的学习成绩？_____
①是　②否　③说不清

13. 在数字化教学环境下，你是否感到缺少与老师和同学面对面的交流和互动？_____
①是　②否

14. 你在学习中更倾向于使用哪种形式的学习资料？_____
①数字化资料（如电子书、网络课程）　②传统纸质资料

15. 在数字化学习过程中，你遇到过哪些困难？（可多选）_____
①技术设备问题　②网络不稳定　③对数字化工具不熟悉
④缺乏数字化学习资源　⑤其他（请注明）_____

16. 你是否觉得数字化教学给你的学习增加了压力？_____
①是　②否　③说不清

17. 你是否经常使用数字化技术来学习或解决问题？_____

①是　②否

18. 你认为学校在数字化教学方面最需要改进的是什么？（可多选）

①学习资源的质量与多样性　②教师的数字化教学能力

③学习平台的稳定性与用户体验　④学习支持服务与技术帮助

⑤其他（请注明）＿＿＿＿＿＿＿＿＿＿＿

19. 你希望学校在数字化学习方面提供哪些支持和服务？（可多选）

①提供更多的数字化学习资源　②加强对数字化工具的培训

③改善技术设备和网络环境　④其他（请注明）＿＿＿＿＿＿＿＿＿＿＿

20. 你认为数字化学习对你未来的职业发展有何影响？＿＿＿＿＿＿

①有帮助　②没有帮助　③不确定

谢谢你参与我们的调查！你的意见对我们非常重要。

附录Ⅱ　首都职业教育数字化转型现状调查（教师问卷）

尊敬的教师：

您好！随着科技的快速发展，数字化教学已经成为教育领域的新常态。为了更好地了解和分析教师在数字化教学实践中的情况，以及为数字化转型提供更有针对性的支持和服务，我们诚邀您参与此次调查。您的宝贵意见将有助于优化教育资源配置，提升技术技能人才培养的质量和效率。问卷填写内容将严格保密，所有数据仅用于学术研究和政策建议。感谢您对我们研究工作的支持！

第一部分　基本信息

1. 您所在的学校名称：＿＿＿＿＿＿＿＿＿＿＿

2. 您所在学校的办学层次：_____ ①中等职业教育 ②高等职业教育

3. 您的性别：_____ ①男 ②女

4. 您的年龄：_____ ①25 岁及以下 ②26—30 岁 ③31—35 岁 ④36—40 岁 ⑤41—45 岁 ⑥46—50 岁 ⑦51 岁以上

5. 您的学历：_____ ①大专及以下 ②本科 ③硕士研究生 ④博士研究生

6. 您的职称：_____ ①未评级 ②初级 ③中级 ④副高级 ⑤正高级

7. 您的教龄：_____ ①5 年及以下 ②6—10 年 ③11—15 年 ④16—20 年 ⑤21 年及以上

8. 您任教的专业大类（专业课教师）：_____

①农林牧渔大类　　②资源环境与安全大类　　③能源动力与材料大类

④土木建筑大类　　⑤水利大类　　⑥装备制造大类

⑦生物与化工大类　　⑧轻工纺织大类　　⑨食品药品与粮食大类

⑩交通运输大类　　⑪电子信息大类　　⑫医药卫生大类

⑬财经商贸大类　　⑭旅游大类　　⑮文化艺术大类

⑯新闻传播大类　　⑰教育与体育大类　　⑱公安与司法大类

⑲公共管理与服务大类

9. 您任教的学科（中职公共基础课教师）（请填写）：_____

10. 您任教的学科（高职公共基础课教师）（请填写）：_____

第二部分　数字化转型情况

11. 您在日常教学中经常使用哪些数字工具或平台？（可多选）

①多媒体教室设备　②在线课程平台　③教学管理系统

④云存储服务　⑤其他（请注明）_____

12. 您在课堂上实施数字化教学的频率是多少？_____

①每节课都使用　②每周至少一次　③偶尔使用　④很少使用
⑤从不使用　⑥视情况而定

13. 您认为数字化转型对您的教学模式（教学方式）产生了怎样的影响？_____

①显著改变了我的教学模式（方式）

②有一定影响，但变化不大

③影响较小，我仍然主要采用传统教学模式

④没有影响，我保持使用传统教学方法

14. 您认为数字化转型对提高教学质量的作用是？_____
①非常大　②较大　③一般　④较小　⑤无作用

15. 数字化转型是否增强了您与学生之间的互动？_____
①是，我们现在有更多形式的互动　②是，但互动的质量和频率没有显著变化
③否，互动情况没有明显改善　④否，互动实际上减少了

16. 您认为数字技术的使用是否提高了学生的学习兴趣和参与度？_____

①显著提高　②有一定提高　③没有明显变化　④降低　⑤说不清

17. 您认为数字化教学对学生学习成效的影响是？_____
①显著提升　②有一定提升　③影响不大　④有负面影响　⑤没有影响
⑥说不清

18. 您是否认为数字化教学应该成为教师评价的一部分？_____
①是　②否

19. 您所在学校的数字化教学资源的丰富程度如何？_____
①非常丰富：大量多样的数字化资源覆盖各专业和课程

②较为丰富：基本满足教学需求，但仍有提升空间

③一般：部分专业和课程有覆盖，但不全面

④较为匮乏：很少有专业和课程被覆盖

⑤非常匮乏：几乎没有或完全没有数字化教学资源

⑥说不清

20. 您是否参与过学校数字化课程资源的开发？＿＿＿＿＿＿

①是　②否

21. 您在课程中使用的数字化资源主要来源于？（可多选）＿＿＿＿＿＿

①学校提供的资源　②公开的在线资源　③自行开发

④行业企业合作伙伴提供　⑤其他（请注明）＿＿＿＿＿＿

22. 您认为教师在数字化教学中需要哪些关键能力？（可多选）＿＿＿＿＿＿

①信息技术应用能力　②在线课程设计与开发

③学生在线学习管理　④数字资源的评估与选择

⑤教学策略的创新与应用　⑥其他（请注明）＿＿＿＿＿＿

23. 您如何评价自己的数字素养水平？＿＿＿＿＿＿

①非常熟练　②比较熟练　③一般　④不太熟练　⑤完全不熟练

24. 您是否接受过数字化教学技能的培训？＿＿＿＿＿＿

①完全没有：从未参加过任何形式的培训

②很少：偶尔参加，但次数非常少

③有一些：参加过几次培训

④较多：定期接受培训

⑤非常频繁：经常参与各种数字化教学技能的培训

25. 您是否满意目前学校提供的教师数字技能培训？＿＿＿＿＿＿

①非常满意　②比较满意　③一般　④不太满意　⑤完全不满意

26. 在数字化转型过程中，您遇到的最大挑战是什么？（多选）＿＿＿＿＿＿

①技术设备的不足或过时

②缺乏有效的教师培训和支持

③难以管理和整合大量的数字化资源

④学生对新技术的适应和接受程度

⑤保持教学质量的同时进行教学模式的创新

⑥其他（请注明）＿＿＿＿＿＿

27. 您认为学校在数字化教学转型中应该提供哪些支持？（可多选）

①更多的技术培训　②更好的硬件设施　③更丰富的数字化资源

④更有效的技术支持服务　⑤更灵活的教学管理政策

⑥其他（请注明）_____

28. 您是否认为数字化教学增加了教师的工作负担？_____

①是　②否

29. 您认为未来数字化教学的发展趋势是什么？（可多选）_____

①更多的个性化学习路径

②更广泛的虚拟现实（VR）和增强现实（AR）应用

③更强的数据分析和学习跟踪能力

④更多的在线与线下结合的教学模式

⑤更多的跨国和跨文化教学合作

⑥其他（请注明）_____

30. 您有哪些建议可以帮助学校更好地实施数字化教学，以提升教学质量和学生参与度？_____

问卷到此结束，感谢您的支持与帮助！

附录Ⅲ　首都职业教育数字化转型现状调查（教学管理者问卷）

尊敬的学校领导：

您好！随着信息技术的飞速发展，数字化转型已经成为教育领域不可或缺的一部分。我们诚挚邀请您参与此项调查，共同探讨首都职业教育在数字化转型过程中的实践经验、面临的挑战。您的反馈将有助于全面了解当前首都职业教育数字化实施状况，有助于我们更好地把握数字化教育的发展趋势，优化教育资源配置，提升教学管理水平，进而提高技术技能人才培养的质量和效率。问卷填写内容将严格保密，所有数据仅用于学术研究和政策建议。感谢您对我们研究工作的支持！

第一部分　基本信息

1. 您所在的学校名称：_____

2. 您的性别：_____ ①男　②女

3. 您的职务：_____ ①教学副校长　②教务（督导）主任　③系部主任

4. 您的学历：_____ ①大专及以下　②本科　③硕士研究生　④博士研究生

5. 您的工作年限：_____ ①5年及以下　②6—10年　③11—15年　④16—20年　⑤21年及以上

6. 您所在学校的类型：_____ ①"双高计划"学校　②北京市"特高"学校　③其他类型（请注明）_____

7. 您所在学校的规模：_____

①1000人以下　②1000—2000人　③2000—3000人　④3000—4000人　⑤4000—5000人　⑥5000人以上

第二部分　数字化转型现状

8. 您认为学校目前的数字化教学资源覆盖率是多少？_____

①说不清楚　②50%以下　③50%—69%　④70%—89%　⑤90%以上

9. 您认为学校当前的数字化教学资源能否满足教学需求？_____

①无法确定　②很难满足　③部分满足　④基本满足　⑤完全满足

10. 您如何评价学校数字化教学平台的稳定性和可靠性？_____

①较差　②一般　③较好　④非常好

11. 您认为学校教师对于采用数字化教学工具的态度是？_____

①抵触　②一般　③积极　④非常积极　⑤视情况而定

12. 学校是否有专门的团队或部门负责数字化教学内容的开发和维护？_____

①没有　②没有，但计划中　③有，但效率不高　④有，运作良好

13. 学校在教育教学数字化转型上的年度投入占学校总预算的比例是？_____

①不清楚　②10%以下　③10%—20%　④20%—30%　⑤30%以上

14. 在数字化转型中，学校面临的最大财政挑战是什么？_____

①初始投资成本　②持续的运营成本　③更新和升级费用

④教师和技术人员培训费用

15. 数字化教学是否已成为学校教育教学改革的重点方向？_____

①不是　②正在成为　③是，但成效一般　④是，且取得显著成效

16. 在以下哪些领域，学校计划增强或引入新的数字技术应用？（可多选）_____

①人工智能　②虚拟现实/增强现实　③大数据分析　④云计算服务

⑤移动学习　⑥无相关计划　⑦其他（请注明）_____

17. 校企合作开发数字化教学资源中，企业主要提供了哪些支持？（可多选）_____

①技术平台和工具　②资金支持　③行业专业知识和资源

④市场和就业信息　⑤其他（请注明）_____

18. 学校在推进数字化教学过程中，是否有收集和分析学习数据以不断优化教学？_____

①是，定期进行　②是，但不频繁　③否，但计划中

④否，也没有计划　⑤有计划，但尚未实施

19. 您认为在数字化转型背景下，专业建设与课程开发面临的主要挑战包括哪些？（可多选）_____

①教师数字化能力不足　②学生对新技术的接受度

③课程内容与行业需求脱节　④缺乏有效的评估与反馈机制

⑤其他（请注明）_____

20. 您认为加强数字化专业知识体系与课程体系建设应采取哪些对策？（可多选）_____

①加强与企业的合作　②提升教师的数字技能培训

③更新教学设施与资源　④引入行业专家参与课程设计

⑤其他（请注明）＿＿＿＿＿＿＿＿＿＿

21. 您如何评价学校的数字化转型下各专业教学范式的创新实践？＿＿＿＿＿＿

①非常成功，效果显著　②有一定成效，但仍需改进

③效果一般，难以评估　④尚未尝试　⑤没有明显效果

⑥正在进行中，尚未评估效果

22. 学校是否有明确的数字化开发标准与指标规范？＿＿＿＿＿＿

①有，且执行得很好　②有，但执行不够　③正在制定中

④没有，但有此需求　⑤没有，且不认为需要

23. 学校是否为教师提供了足够的数字化教学培训？＿＿＿＿＿＿

①是，非常充分　②是，基本充分　③否，不够充分　④否，几乎没有

24. 学校是否定期组织关于数字化教学的研讨会或工作坊？＿＿＿＿＿＿

①经常，效果良好　②有时，效果一般　③很少，效果不佳

④从不，但有此需求　⑤从不，且不认为需要

25. 在推动学校数字化教学过程中，您认为以下哪些因素至关重要？（可多选）＿＿＿＿＿＿

①学校领导的支持和推动　②充足的资金投入

③教师的积极参与和培训　④高质量的教学资源

⑤先进的技术设备　⑥学生的积极反馈和接受度

⑦其他（请注明）＿＿＿＿＿＿＿＿＿＿

26. 您认为学校在推进数字化教学中最需改进的方面是什么？＿＿＿＿＿＿

①技术基础设施建设　②教学内容的质量和多样性

③教师的技术和教学能力　④学生的数字技能培养

⑤实训基地和实习机会　⑥其他（请注明）＿＿＿＿＿＿＿＿＿＿

27. 学校在数字化转型过程中，是否曾遇到过数据安全和隐私保护的问题？＿＿＿＿＿＿

①偶尔遇到　②很少遇到　③从未遇到　④不清楚/无此方面经验

28. 在未来,学校对于数字化教学的规划重点是什么?(可多选) _____
①加大资金投入,更新设备 ②强化师资培训,提升教学能力
③丰富教学内容,提高质量 ④提高学习数据分析能力,开展个性化教学
⑤其他(请注明)_____

第三部分 学校未来数字化发展与建议

29. 学校目前参与的或在建的国家级或市级的数字化教育项目有哪些?_____

30. 面向未来,您对学校在数字化转型方面有哪些具体的建议或期望?_____

问卷到此结束,感谢您的支持与帮助!

主要参考文献

［1］陈丹，王萌萌．教育数字化背景下职业教育高质量发展的逻辑框架与实现路径［J］．职业技术教育，2023，44（13）：32-37．

［2］邓小华．职业教育数字化转型的理论逻辑与实践策略［J］．电化教育研究，2023，44（1）：48-53．

［3］邓小华，江俊滔．技术重塑供需：职业教育数字化转型的本质及其实现路径［J］．中国职业技术教育，2023（4）：12-19．

［4］董文娟，黄尧．人工智能背景下职业教育变革及模式建构［J］．中国电化教育，2019（7）：1-7，45．

［5］焦晨东，黄巨臣．职业教育数字化转型的实践类型及其启示：来自美、德、澳三国的多案例研究［J］．中国职业技术教育，2022（33）：11-21，29．

［6］何静，曾绍玮．职业教育数字化转型的价值、动力、逻辑与行动方略［J］．教育与职业，2023（5）：85-92．

［7］胡新岗，黄银云，沈璐，等．高职院校教学数字化转型：价值意蕴、实施逻辑和推进路径［J］．中国职业技术教育，2023（8）：83-89．

［8］金波，郑永进．高质量发展背景下职业教育数字化转型实现路径研究［J］．中国高教研究，2023（7）：97-102．

［9］李红春，胡德鑫．职业教育数字化转型的三重突破：理念、组织与技术［J］．教育与职业，2024（2）：28-36．

［10］李玉静．职业教育数字化转型的坚守与突破［J］．职业技术教育，

2023,44（22）：1.

［11］巫程成，周国忠．数字化赋能职业教育的理论溯源、困境与出路［J］．教育与职业，2023（6）：52-58.

［12］王佑镁，李宁宇，王旦，等．新时代新征程我国职教数字化转型的扬弃与创变［J］．中国电化教育，2023（4）：57-64.

［13］王岚．数字红利与新数字鸿沟：数字时代服务业技能人才的机遇、挑战与培养路径［J］．中国职业技术教育，2022（22）：58-64，82.

［14］王永钊，程扬，李丽军．数智时代职业院校教师数字素养的丰富内涵、现实困境与实践进路［J］．教育与职业，2023（9）：87-90.

［15］徐显龙，许洁，国洪琦，等．数字化教育场景应用的范围和成熟度探析：基于2012—2022年文献分析［J］．开放教育研究，2023，29（6）：92-100.

［16］杨成明，周潜，韩锡斌．职业教育数字化转型：驱动逻辑、研究框架与推进策略［J］．电化教育研究，2023，44（2）：64-71，91.

［17］张慕文，祝士明．职业教育数字化转型的内涵、逻辑与策略［J］．现代教育管理，2023（3）：120-128.

［18］朱德全，熊晴．数字化转型如何重塑职业教育新生态［J］．现代远程教育研究，2022，34（4）：12-20.

［19］周如俊．职业院校学生数字素养：内涵流变、理论逻辑、框架构建与实践路向［J］．中国职业技术教育，2023（21）：5-13.

［20］宗诚．我国职业教育数字化转型的现实样态与优化策略：基于全国18个试点省市国家智慧教育平台的调研分析［J］．职业技术教育，2023，44（21）：14-20.

后　记

随着教育强国战略的深入实施，职业教育在国家发展中的重要地位日益凸显。特别是在数字技术快速发展的新时代背景下，职业教育的数字化转型已成为提升教育质量、优化人才培养模式和增强国际竞争力的关键方向。

本书聚焦首都职业教育的数字化转型，旨在探索如何在数字技术的赋能下，推动首都职业教育的高质量发展，为服务教育强国建设贡献力量。通过对首都职业教育现状的深入剖析，书中探讨了数字化转型的路径与实施机制，力求在理论与实践的结合中，提出切实可行的对策与方案，以适应新时代产业转型升级需求，提升职业教育的质量和服务能力。

本书的创作经历了不断的调研与思考，从初步构想到最终成稿，结合国内外的案例以及首都职业教育的具体情况，提出了具有地方特色的数字化转型路径。同时，书中也探讨了人工智能、大数据等新兴技术在职业教育中的应用，特别是在智能化教学、个性化学习和数字化治理方面的潜力与挑战。希望通过对这些新兴技术的深入研究，为职业教育的发展提供理论支持与实践指导。

在本书写作过程中，得到了许多专家学者的宝贵指导。特别感谢北京电子科技职业学院、北京工业职业技术学院、北京财贸职业学院、北京农业职业学院等14所院校的教师、管理者和学生们，他们提供了宝贵的一手资料，使得本书的研究成果更加丰富和扎实。同时，也要感谢北京教育科学研究院教育发展研究中心的领导和同事们，他们为本书的顺利完成提供了学术支持与研究资源，使我能够在职业教育领域深度探索。

后 记

展望未来,职业教育数字化转型将是继续推动教育现代化和教育强国建设的重要力量。在今后的研究中,我将继续深化数字化转型相关课题研究,特别是在政策支撑体系、技术应用场景优化以及国际经验借鉴方面,探索如何更好地利用人工智能、大数据等技术,推动个性化教学和智能管理,提升职业教育质量与效率。

尽管本书对数字化转型的研究有所探索,但由于学识有限,难免存在不完善之处,恳请各位专家学者提出宝贵意见,以便进一步改进和完善研究成果。

吕良燕

北京教育科学研究院教育发展研究中心

2025 年 4 月